INDEPENDÊNCIA
FINANCEIRA

Princípios
Para Você Alcançar
Seus Sonhos

CB051474

Adélia Glycerio

INDEPENDÊNCIA FINANCEIRA

Princípios
Para Você Alcançar Seus Sonhos

Copyright © 2021 by Adélia Glycerio

1ª Edição — Outubro de 2021

Grafia atualizada segundo o Acordo Ortográfico da Língua Portuguesa
de 1990, que entrou em vigor no Brasil em 2009

Editor e Publisher
Fernanda Emediato

Assistente Editorial
Ana Paula Lou

Projeto Gráfico • Capa • Diagramação
Sérgio Salgado

Preparação de Texto
Nanete Neves

Revisão
Josias A. de Andrade
Gypsi Canetti

**Dados Internacionais de Catalogação na Publicação (CIP)
de acordo com ISBD**

G568i Glycerio, Adélia
     Independência Financeira: 7 princípios para você
    alcançar seus sonhos / Adélia Glycerio. - São Paulo :
    Jardim dos Livros, 2021.
     216 p. : 15,6cmx 23cm.

     Inclui índice.
     ISBN: 978-65-88438-15-2

     1. Economia. 2. Finanças. 3. Educação financeira. 4.
    Finanças pessoais. I. Título.

                   CDD 332.04
2021-3531   CDU 336:37

Elaborado por Odilio Hilario Moreira Junior - CRB-8/9949

Índices para catálogo sistemático
1. Economia : Educação financeira 332.04
2. Economia : Educação financeira 336:37

JARDIM DOS LIVROS

Rua João Pereira, 81 — Lapa
CEP: 05074-070 — São Paulo — SP
Telefone: (+ 55 11) 3256-4444
E-mail: geracaoeditorial@geracaoeditorial.com.br
www.geracaoeditorial.com.br
www.troiaeditora.com.br

Impresso no Brasil
Printed in Brazil

SUMÁRIO

APRESENTAÇÃO 9
INTRODUÇÃO 11

PARTE I – **PRINCÍPIO DA INFORMAÇÃO**
PANORAMA ATUAL. **16**
HISTÓRIAS FICTÍCIAS. 22
QUIZ – PERFIL GERAL DO LEITOR 25

PARTE II – **PRINCÍPIO DA VISÃO**
ANÁLISE DO PANORAMA **28**
IDADE MÉDIA DO BRASILEIRO 28
SAIBA DO QUE ESTAMOS FALANDO – EM QUE ERA VIVEMOS? 30
CAINDO NA REAL – CARGAS TRIBUTÁRIAS. 32
VALORES PARA UMA VIDA DIGNA. 34
HISTÓRIAS FICTÍCIAS 36
QUIZ – PERFIL INICIAL DO LEITOR. 38

PARTE III – **PRINCÍPIO DO CONHECIMENTO**
PARADIGMAS DO SUCESSO FINANCEIRO. **42**
ESPELHO MENTAL SOBRE O DINHEIRO. 42
QUIZ – MENTALIDADE DO LEITOR 44
FONTE DO DINHEIRO 45
REGRAS DA EDUCAÇÃO FINANCEIRA 47
QUIZ – NÍVEL DE CONSCIÊNCIA FINANCEIRA DO LEITOR 50
PÓDIO DA RIQUEZA 51
TIPOS DE RENDA 54
OS SEGREDOS DA LIBERDADE FINANCEIRA 56
QUIZ – EVOLUÇÃO FINANCEIRA DO LEITOR. 59
GESTÃO DO DINHEIRO. 60
PROPOSTA DA LIBERDADE FINANCEIRA. 62
ALINHAMENTO DAS FINANÇAS 64
PLANILHA: SUAS RECEITAS 64
PLANILHA: SUAS DESPESAS 64
TIPOS DE DESPESAS 66
RESENHA DA SITUAÇÃO FINANCEIRA 68
CONTROLE FINANCEIRO 69
DESAFIO PARA JUNTAR DINHEIRO 70
PLANILHA: DESAFIO DE 21 DIAS 71
COMO REDUZIR DESPESAS 72
DESPESAS INVISÍVEIS 73
CLASSIFICAÇÃO DAS DÍVIDAS 74

COMO ELIMINAR AS DÍVIDAS?	75
PLANILHA: ELIMINE SUAS DÍVIDAS	75
ESTRATÉGIAS PARA ELIMINAÇÃO DAS DÍVIDAS	76
INVERSÃO DE VALORES	76
QUANDO PROCURAR UM(A) ADVOGADO(A)?	77
DIFERENÇA ENTRE SPC E SERASA	79
MAIORES DÍVIDAS QUE CAUSAM A PERDA DE UM IMÓVEL	81

PARTE IV – PRINCÍPIO DA DISCIPLINA

CONCEITOS BÁSICOS DE FINANÇAS E ECONOMIA	**84**
POR QUE INVESTIR?	84
POR QUE TER FOCO NA SUA LIBERDADE FINANCEIRA?	85
O QUE É RISCO PARA O INVESTIDOR?	85
EVOLUÇÃO DOS INVESTIMENTOS	85
PRAZOS DOS INVESTIMENTOS	86
ESTRATÉGIAS DE INVESTIMENTOS	86
PARA QUE SERVE RESERVA TÉCNICA?	86
COMO FAZER RESERVA TÉCNICA EM 10, 15 E 20 ANOS	87
PLANILHA: FAZENDO RESERVA TÉCNICA	87
O QUE É LIQUIDEZ?	88
LIQUIDEZ DOS INVESTIMENTOS	88
O QUE É INFLAÇÃO?	89
COMO É MEDIDA A INFLAÇÃO?	89
O QUE SÃO JUROS?	91
QUAIS SÃO AS MEDIDAS DE JUROS NO BRASIL?	92
O QUE É CDI?	92
RELAÇÃO ENTRE INFLAÇÃO E JUROS	92
EFEITO DA INFLAÇÃO NOS INVESTIMENTOS	93
O QUE É PIB?	93
SPREAD BANCÁRIO	94
BENCHMARK FINANCEIRO	96
PRINCIPAIS *BENCHMARKS* FINANCEIROS	97
BENCHMARK FINANCEIRO NAS SUAS APLICAÇÕES	97
TIPOS DE INVESTIMENTOS	98
A IMPORTÂNCIA DA DIVERSIFICAÇÃO NOS INVESTIMENTOS	99
INVESTIMENTOS EM IMÓVEIS	99
INVESTIMENTOS EM RENDA FIXA	100
O QUE É RENDA FIXA?	100
TAXAS DE TÍTULOS PÚBLICOS	100
INVESTIMENTOS EM RENDA FIXA POR GRAU DE RISCO	102
FUNDO GARANTIDOR DE CRÉDITO – FGC	103
TIPOS DE RENDA FIXA MAIS COMUNS	103
IMPOSTO DE RENDA FIXA	105
INVESTIMENTOS EM RENDA VARIÁVEL	107
OS CINCO TIPOS DE RENDA VARIÁVEL MAIS COMUNS	108
MERCADO DE AÇÕES	108
DIVERSIFICAÇÃO DE SUA CARTEIRA DE AÇÕES	109
MERCADO DE OPÇÕES	110
FUNDOS DE AÇÕES	111
FUNDOS IMOBILIÁRIOS	111
FUNDOS MULTIMERCADO	113

ESTRUTURA DO FUNDO MULTIMERCADO 113
ESTRATÉGIAS DO FUNDO MULTIMERCADO 114
PERFIL DO INVESTIDOR 116
INVESTIDOR QUALIFICADO 117
COMO ESCOLHER A SUA CORRETORA 118
DIFERENÇA ENTRE RENDA FIXA E RENDA VARIÁVEL 120
BANCOS DIGITAIS. 121
OS BANCOS DIGITAIS SÃO SEGUROS? 121
SEUS DADOS ESTÃO SEGUROS EM UM BANCO DIGITAL? 122
OPÇÕES DE BANCOS DIGITAIS 122
QUIZ – DÚVIDAS SOBRE BANCOS DIGITAIS 125
HISTÓRIAS FICTÍCIAS. 126
QUIZ – NÍVEL DE CONSCIÊNCIA DO INVESTIDOR LEITOR 129

PARTE V – **PRINCÍPIO DA VIDA LONGA**

DICAS PARA UMA TERCEIRA IDADE DIGNA. 132

AS SETE ALTERAÇÕES DA PREVIDÊNCIA SOCIAL NO BRASIL DESDE 1988 133
QUAIS SÃO OS TIPOS DE PREVIDÊNCIA NO BRASIL? 134
QUIZ – REGIME JURÍDICO DE APOSENTADORIA DO LEITOR 135
REGIME GERAL DE PREVIDÊNCIA OFICIAL – RGPS OU INSS 136
CLASSES DE SEGURADOS DO INSS 137
PERCENTUAIS DE CONTRIBUIÇÃO DOS SEGURADOS OBRIGATÓRIOS. . 138
PERCENTUAIS DE CONTRIBUIÇÃO DOS SEGURADOS FACULTATIVOS . . 139
PONDERAÇÕES AO REGIME DA PREVIDÊNCIA OFICIAL. 139
TIPOS DE PREVIDÊNCIA OFICIAL – INSS (INSTITUTO NACIONAL DO
SEGURO SOCIAL) 140
SINTETIZANDO A PREVIDÊNCIA OFICIAL 143
REGRAS DE TRANSIÇÃO PARA O RGPS – EC DE 103/2019 144
QUIZ – CONTRIBUINTE DA PREVIDÊNCIA OFICIAL – INSS. 149
REGIME DE PREVIDÊNCIA COMPLEMENTAR (RPC) OU PREVIDÊNCIA
COMPLEMENTAR 150
TIPOS DE PREVIDÊNCIA COMPLEMENTAR 152
DIFERENÇA ENTRE PREVIDÊNCIA COMPLEMENTAR ABERTA E
PREVIDÊNCIA COMPLEMENTAR FECHADA 153
PLANOS DE PREVIDÊNCIA COMPLEMENTAR 154
DIFERENÇA ENTRE PLANO PGBL E PLANO VGBL 155
RENDA DA PREVIDÊNCIA COMPLEMENTAR 156
FORMAS DE TRIBUTAÇÃO NA PREVIDÊNCIA COMPLEMENTAR 157
COMO FUNCIONA A PREVIDÊNCIA COMPLEMENTAR 158
QUEM FISCALIZA A PREVIDÊNCIA COMPLEMENTAR 160
PORTABILIDADE DE PREVIDÊNCIA COMPLEMENTAR 160
COMO CANCELAR A PREVIDÊNCIA COMPLEMENTAR. 161
CUIDADOS QUE VOCÊ PRECISA TOMAR AO UTILIZAR O SIMULADOR
DAS INSTITUIÇÕES FINANCEIRAS 161
RESUMO DE COMO ESCOLHER A PREVIDÊNCIA COMPLEMENTAR 162
QUIZ – PARTICIPANTE DA PREVIDÊNCIA COMPLEMENTAR 163
REGIME PRÓPRIO DE PREVIDÊNCIA SOCIAL (RPPS) 164
PREVIDÊNCIA COMPLEMENTAR DO SERVIDOR PÚBLICO –
PREVISÃO CONSTITUCIONAL 164
REGRA GERAL PARA OBTENÇÃO DE APOSENTADORIA PELO RPPS . . . 165
REGRAS DE TRANSIÇÃO PARA OS SERVIDORES PÚBLICOS 165

MANUTENÇÃO DO DIREITO AO REAJUSTE PELA PARIDADE – RESUMO 166
REGRAS DE APOSENTADORIA NO RPPS 166
APLICAÇÃO DO TETO DO RGPS (INSS) NO RPPS DE ACORDO COM A
DATA DE INGRESSO NO SERVIÇO PÚBLICO 167
SITUAÇÕES POSSÍVEIS DE SERVIDORES PÚBLICOS ATÉ A EC 103/2019 168
REGRAS DE TRANSIÇÃO PARA O RPPS – EC 103/2019 169
QUEM INGRESSOU NO SERVIÇO PÚBLICO ATÉ 12/11/2019 169
ABONO DE PERMANÊNCIA EM SERVIÇO 176
PENSÃO POR MORTE 177
CONTRIBUIÇÃO DOS INATIVOS 177
O REGIME PRÓPRIO DA PREVIDÊNCIA SOCIAL É SEGURO? 177
QUIZ – PARTICIPANTES DA PREVIDÊNCIA COMPLEMENTAR DO
SERVIDOR PÚBLICO 178
ALTERNATIVAS PARA COMPLEMENTAR O RPPS 179
QUIZ – TIPOS DE INVESTIMENTOS DO LEITOR 180
SEGURO DE VIDA RESGATÁVEL – PROTEÇÃO 181
COMO FUNCIONA O SEGURO DE VIDA RESGATÁVEL? 181
DIFERENÇA ENTRE SEGURO DE VIDA RESGATÁVEL E SEGURO DE VIDA
TRADICIONAL 183
DIFERENÇA ENTRE SEGURO DE VIDA RESGATÁVEL E PREVIDÊNCIA
COMPLEMENTAR 185
O SERVIDOR PÚBLICO DEVE CONTRATAR UM SEGURO DE VIDA
COMPLEMENTAR? 186
QUANDO CONTRATAR UM SEGURO DE VIDA? 187
HISTÓRIAS FICTÍCIAS 188
QUIZ – AVALIAÇÃO DA PROTEÇÃO DE VIDA 191

PARTE VI – **PRINCÍPIO DA VIDA EXTRAORDINÁRIA**
PROPÓSITO FINANCEIRO 194
NA FASE DE PROTEÇÃO 194
NA FASE DE ACUMULAÇÃO 196
NA FASE DE MULTIPLICAÇÃO 197

PARTE VII – **PRINCÍPIO DO PLANEJAMENTO E AÇÃO**
PLANO FINANCEIRO 202
HISTÓRIAS FICTÍCIAS 203
PLANEJAMENTO E AÇÃO 206
QUIZ – PLANO ESTRATÉGICO DO LEITOR 207
AGRADECIMENTOS 211

APRESENTAÇÃO

Antes de qualquer coisa, quero deixar registrado que *Independência Financeira – 7 Princípios Para Você Alcançar Seus Sonhos* nasceu com a intenção verdadeira de compartilhar os conhecimentos adquiridos ao longo de minha vida profissional como ex-advogada, auditora fiscal do trabalho, educadora financeira, mentora financeira e por meio de outros treinamentos, conectando a Inteligência Espiritual e Financeira.

Apresento a você, caro leitor, este trabalho de forma íntegra, com o objetivo de demonstrar que a informação é imprescindível para o sucesso financeiro, de modo que tudo faça sentido, a ponto de lhe inspirar a partir para a ação de hoje em diante, sempre com a visão de aonde chegar no futuro. Assim, você transformará sua vida financeira e a de sua família definitivamente.

Os pontos aqui abordados foram escolhidos para você ter a dimensão e perceber a necessidade e a urgência de obter as ferramentas imprescindíveis para, no futuro, ter o direito de escolher como vai viver na sua terceira idade, e se você vai trabalhar por prazer e não por necessidade.

Desejo imensamente que você entenda as abordagens, os conceitos, os valores, as regras e as estratégias apresentadas, para que tenha uma idade madura digna e sem depender de ninguém para viver. Portanto, os sete princípios para você alcançar seus sonhos se concentram na segunda fase de sua vida, de forma que ela possa ser um período produtivo, independentemente do meio social onde você está hoje.

Este livro nasceu por obra do destino, e aconteceu quando participei da primeira imersão em busca de autoconhecimento. Após esse primeiro chamado, passei algumas semanas orando e pedindo a Deus que me iluminasse e me mostrasse o caminho de como poderia contribuir para entregar algo de valor ao mundo, para que minha contribuição pudesse impactar e, de algum modo, alterar as projeções tenebrosas que os especialistas em estatística vislumbram para o período entre 2039 e 2060.

Minha inquietude me levou a buscar mais conhecimentos de como obter Inteligência Financeira; porém, quanto mais me aprofundava nas regras e estratégias que ela exige, fui percebendo que já a utilizava de forma inconsciente, pois todas as vezes em que queria transformar meus sonhos em realidade, sempre criava uma estratégia até obter êxito, unindo o mundo invisível e o mundo visível.

Como início, criei um projeto piloto para transmitir meus novos conhecimentos em Inteligência Espiritual e Financeira a pessoas da família e a alguns amigos. A experiência foi tão boa que, com base nesse processo, veio a necessidade de partilhar meus conhecimentos com todos aqueles que queiram aplicar esses pilares em suas vidas.

Faça bom proveito da leitura e, se tudo fizer sentido para você, partilhe com o máximo de pessoas possível e inicie seu processo de transmutação rumo à sua Independência Financeira.

TENHA SONHO
TENHA PLANEJAMENTO
TENHA AÇÃO

Adélia Glycerio

INTRODUÇÃO

Como disse, este livro não foi algo planejado, ele simplesmente aconteceu. Participei de várias imersões *online* devido ao isolamento social provocado pela Covid-19. Porém, na primeira imersão presencial de que fiz parte, foram apresentados vários tópicos/painéis, mas os que me chamaram a atenção foram: "O Poder do Sonho" e "Inteligência Financeira".

O primeiro tópico me fez recordar da criança que tinha sido, da adolescente sonhadora. Só que, em algum momento da fase adulta, deixei de sonhar, e isso acabou por me levar a ser o que me tornei hoje.

Assim, em questão de segundos, fiz uma retrospectiva da minha vida e verifiquei que possuía o poder de sonhar e realizar. Percebi que toda vez que colocava energia e tempo em algum projeto, ele acabava acontecendo.

Hoje, sei que sempre pratiquei de forma inconsciente. É nada mais que o poder da potencialidade pura: sempre que se acredita nesse dom natural, ele afeta você e outras pessoas sem prejudicar ninguém. É um sofisticado processo de atração em ação.

Ou seja, durante toda a minha vida eu sempre apliquei de forma inconsciente o poder da potencialidade pura ou de abundância ilimitada. Quando eu desejava algo e destinava atenção **plena, intenção** e **silêncio**, eu conseguia concretizar meus objetivos. Então, desejo que você passe a aplicar esses conceitos, de forma a conseguir ter uma terceira idade com dignidade e liberdade financeira. Tudo dependerá do quão aplicado você for na sua fase produtiva da vida.

O segundo tópico, Inteligência Financeira, também me chamou muito a atenção, sobretudo quando nos compartilharam a seguinte pesquisa:

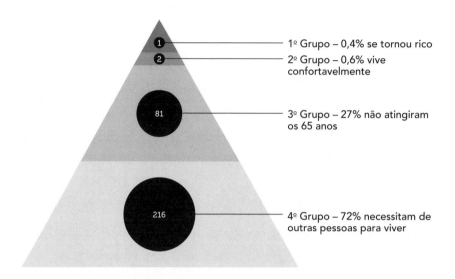

1º Grupo – 0,4% se tornou rico
2º Grupo – 0,6% vive confortavelmente
3º Grupo – 27% não atingiram os 65 anos
4º Grupo – 72% necessitam de outras pessoas para viver

Essas informações ficaram fervilhando semanas dentro da minha cabeça. Eu precisava fazer algo. Era um desejo autêntico e ardente de ajudar pessoas a terem um futuro melhor. Bastava trazer-lhes luz e conhecimentos, porque eu verdadeiramente acredito que a educação liberta. Eu sou a prova viva desse processo!

PARTE I

PRINCÍPIO DA INFORMAÇÃO

PANORAMA ATUAL

Com base nas anotações feitas durante a imersão de autoconhecimento sobre Inteligência Financeira, temos um conjunto de dados de um grupo de 300 pessoas com 65 anos no Brasil em 2015:

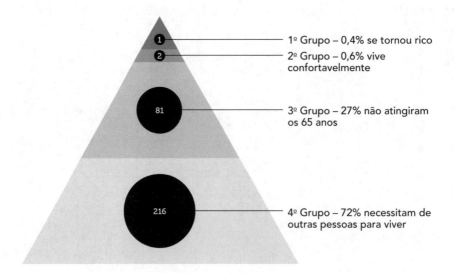

Mediante tais informações, e após digerir e processar os dados coletados por semanas, consegui visualizar o tamanho da desigualdade social em que vivemos. A realidade estava diante dos meus olhos. Iniciou-se em mim, então, um processo de transmutação pessoal, a ponto de querer entregar a minha melhor versão ao mundo.

Afinal, se nada for feito, no fim das contas, todos pagaremos um preço muito maior do que aquele que já estamos pagando, e que se revela de várias formas: falta de segurança para circular por nossas cidades, onde já não temos o direito de ir e vir; falta de compaixão de uns para com os outros e por aí afora. A grande maioria ainda vive na Era da Separação. Eu não, pois acredito e vivo na Era da Inteireza, na qual todos têm os mesmos direitos. Só assim todos seremos mais felizes entregando ao mundo mais amor, verdade e integridade.

Para embasar este trabalho, foi necessário realizar uma pesquisa mais profunda para sustentar a necessidade de mudança de mentalidade. Nela, constatamos o crescimento demográfico ao longo dos anos no nosso país e o envelhecimento de nossa população, conforme as pirâmides abaixo:

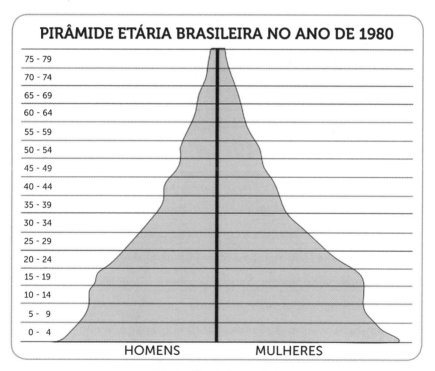

(Fonte: Mundo Educação)

PARTE I – PRINCÍPIO DA INFORMAÇÃO

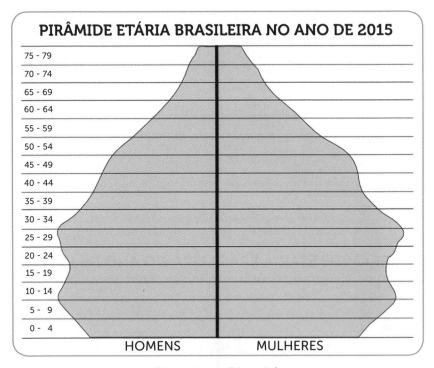

(Fonte: Mundo Educação)

As pirâmides vistas acima não deixam a menor dúvida quanto ao processo de envelhecimento da população brasileira ao longo do tempo. Desse modo, agora fica clara a constatação de que teremos problemas sérios em médio e longo prazos, pois gradativamente haverá a redução do percentual da População Economicamente Ativa (PEA), que impactará os gastos sociais, as aposentadorias do INSS (previdência oficial). E, por fim, acabará impactando a vida das pessoas que não se prepararem para viver uma terceira idade com dignidade.

Além dos dados relacionados, levamos em consideração pesquisa mais recente feita pelo Instituto Brasileiro de Geografia e Estatística (IBGE), de 24 de julho de 2018, que também verifica a tendência de envelhecimento dos brasileiros. Segundo ela, a partir de 2039 haverá mais

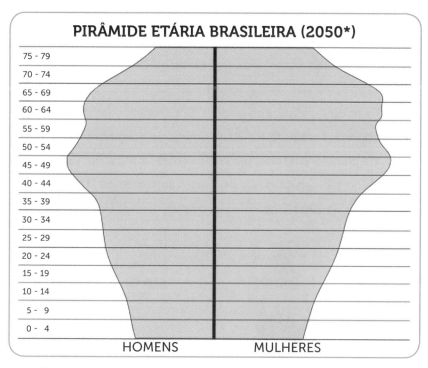

*Projeção da pirâmide etária brasileira para o ano de 2050, segundo o IBGE (Fonte: Mundo Educação)

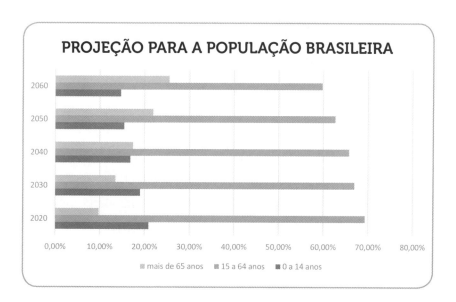

pessoas idosas do que crianças vivendo no país, e até 2060 o percentual de pessoas com mais de 65 anos passará dos atuais 9,2% para 25,5%. Ou seja, 1 em cada 4 brasileiros será idoso.

Com a finalidade de inspirar você a fazer sua transformação financeira, utilizamos os dados fornecidos pelo IBGE nos estudos de projeção da população do Brasil entre 2015 e 2050. Como não tínhamos todos os parâmetros da primeira pirâmide, preferimos utilizar a regra de 3 simples em termos de percentuais de idosos de 65 anos em diante, de 2015, com base em projeções de 2050. E assim temos a nossa nova pirâmide de 2050.

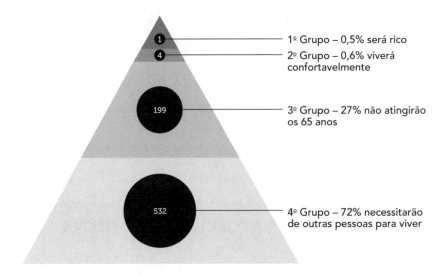

Regra de 3 simples:

300 pessoas .... 9,23% em 2020
X pessoas ....22,71% em 2050
X = 738 pessoas (aproximadamente)

Após expor todos esses dados, faço um convite a quem chegou até aqui: gaste um tempinho com você, permita-se. Dê o primeiro passo a caminho da sua liberdade; assim, você poderá mudar de nível, não só financeiramente, mas em outros setores de sua vida, pois ao aplicar os conhecimentos compartilhados, poderá fazer outras escolhas que hoje não pode.

Na realidade, na busca do autoconhecimento encontrei minha missão, propósito e visão de vida, na qual busco ajudar o máximo de pessoas durante minha jornada neste mundo.

O fato é que estamos iniciando uma nova era. Nela, a responsabilidade de sua vida é única e exclusivamente sua; não é de seus pais, dos seus patrões, do governo, de mais ninguém. A responsabilidade é toda sua. Então, vamos fazer uma nova história a partir de hoje?

PARTE I – PRINCÍPIO DA INFORMAÇÃO

HISTÓRIAS FICTÍCIAS

Ao longo deste trabalho, vamos trabalhar com três histórias hipotéticas, que se iniciam em outubro de 2006:

BALBINA

Com 28 anos ela é solteira e tem um filho de nome Henrique, que tem 5 anos. Balbina tem habilidades para lidar com pessoas diferentes, é excelente comunicadora, exerce liderança natural e sabe motivar e persuadir os outros. É idealista, exala autoconfiança, está cheia de potencial e energia, tem um ritmo rápido e adora ajudar e servir aos demais. Trabalha com marketing de rede, ou seja, é autônoma. Tem uma remuneração mensal média de R$ 5.500,00 e mora em um apartamento alugado com o filho.

MÉVIO

Aos 32 anos, ele é casado com Lúcia, de 30. O casal tem dois filhos: Pedro, de 10 anos, e Antônio, de 6. Mévio é solidário, diligente em tarefas organizacionais, digno de confiança, leal e responsável. Tem uma tendência a se magoar com facilidade e sofre com a indiferença. É uma pessoa extremamente gentil e generosa, daquelas que tiram e dão a própria camisa sem pensar duas vezes. Vez ou outra, ele se sente um pouco inseguro e, quando isso acontece, foca toda a sua atenção em agradar os outros. Mévio aprecia a tradição e segurança, e busca uma vida estável e de ricos contatos com amigos e família. Trabalha como gerente de departamento em uma grande loja de sua cidade, é CLT (Consolidação das Leis do Trabalho). Sua fonte de renda é como empregado, com rendimentos de R$ 4.800,00. Lúcia trabalha como professora de ciências no ensino médio da rede estadual. Criativa, original e idealista, ela tem uma compreensão intuitiva afinadíssima sobre pessoas e situações. É paciente, zelosa e superprotetora. No seu ambiente de trabalho, Lúcia sempre procura ser criativa, estimulando a curiosidade em seus alunos, permitindo que as potencialidades naturais de cada um floresçam por meio da ciência. Lúcia tem remuneração média mensal de R$ 5.500,00. Mévio e Lúcia vivem em apartamento financiado pela Caixa Econômica Federal (CEF).

TÍCIO

Com 33 anos, divorciado pela segunda vez, ele tem dois filhos. Amigável, energético, vivaz e charmoso, é quase sempre a alma da festa. Gosta de novas experiências e tem entusiasmo pela vida. Suas companhias favoritas são aquelas que compartilham seu gosto pela diversão e pela aventura. É um ótimo integrante de equipe e hábil em lidar com pessoas. Tício é flexível, adaptável, genuinamente interessado nas pessoas e, em geral, tem um bom coração. Porém, tem tendência a não pensar muito a longo prazo, pois gosta de viver intensamente sem planejamento para o futuro. Tício é funcionário público, tem remuneração média mensal de R$ 8.300,00 e vive em casa própria herdada do pai.

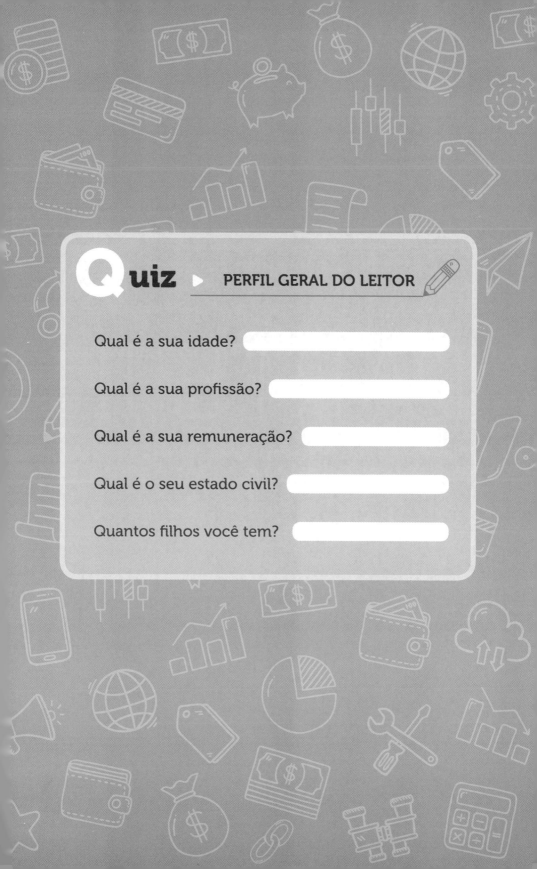

PARTE II

PRINCÍPIO DA VISÃO

ANÁLISE DO PANORAMA

IDADE MÉDIA DO BRASILEIRO

Com base nas pesquisas, comparamos a média de idade da população brasileira em 2020 e em 2050, utilizando os parâmetros disponibilizados pelo IBGE:

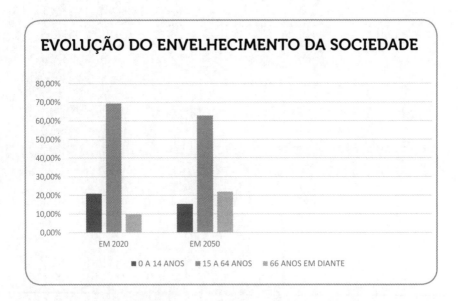

1. Fase de 0 a 14 anos – Completamente Dependente.
2. Fase de 15 a 64 anos – Produtiva – Responsável – Proteção.
3. Fase de 65 em diante – Dependente ou Independente?

Posso dizer com todas as letras: tenha foco, tenha atenção; gaste sua energia na segunda fase da vida, principalmente aqueles que não nasceram em berço esplêndido. Amigo, amiga, é aqui que tudo se resolve. A decisão é sua, somente sua.

Você terá em média 47 anos para construir sua vida, e terá condições de viver a terceira fase com dignidade, de acordo com o que você plantou durante seus anos de vida produtiva.

Falo isso, porque já me deparei com pessoas que dizem viver somente o presente, porque não sabem se chegarão a ter um futuro. Então, gastam tudo o que ganham. Porém, se não plantar para colher no futuro, você não terá nada. E se chegar aos seus 80 sem ter plantado nada, nada você terá.

Vou lhe dar uma fórmula simples; se você a considerar, certamente terá uma terceira idade com dignidade:

› Viva 10% no passado – para que os erros não sejam repetidos, mas, sim, que sejam fontes de aprendizado.
› Viva 60% no presente – sim, amigo(a), curta, trabalhe, aprenda a ganhar dinheiro para você e sua família.
› Viva 30% no futuro – aprenda a investir e a pensar a longo prazo; se não for por você, que seja por quem você ama.

Na terceira idade, você dependerá somente do que fizer de sua vida produtiva durante os últimos 47 anos. É muito tempo sim, mas, basta um descuido seu, você chegará na sua terceira fase da vida sem ter feito uma boa plantação. Então, todo cuidado é pouco, não se deve deixar para amanhã o que se pode fazer hoje.

PARTE II – PRINCÍPIO DA VISÃO

SAIBA DO QUE ESTAMOS FALANDO – EM QUE ERA VIVEMOS?

A título de ilustração, quero fazer você pensar que até 5 de outubro de 1988 vivíamos em uma velha era. Era a Revolução Industrial, e a partir de 6 de outubro de 1988 passamos a viver na Era da Informação.

Aí você pode me perguntar: por que lacrou a data 5 de outubro de 1988? Porque no dia 5 de outubro de 1988 aconteceu a promulgação da Constituição da República Federativa do Brasil, o sistema que rege todo o ordenamento jurídico brasileiro até hoje, chamada de Constituição Cidadã, embora venha sendo desfigurada ano após ano.

Porém, nosso regime educacional brasileiro não mudou, continuam ensinando e aplicando as mesmas técnicas da época de meus pais, nas décadas de 1940 e 1950, século XX. Nós estamos no século XXI, precisamos perceber que tudo mudou, estamos em plena transformação, e precisamos ser responsáveis por nós, fazendo nosso planejamento a longo prazo, seja para investimentos seja para planejamento de aposentadoria ou para alcançar a liberdade financeira. A responsabilidade é sua, toda sua, amigo(a).

Coincidentemente, estamos passando também por uma mudança de era, astrologicamente falando. No fim de 2020 saímos da Era de Peixes para a Era de Aquário. Para quem acredita na Nova Era, será um período de maior conscientização do ser humano no que tange à realidade planetária e ao humanitarismo, quando a humanidade estará mais voltada para questões sociais e abolição das fronteiras que dividem os povos. Ou seja, deixamos a Era da Separação e adentramos a Era da Inteireza, Era do Coletivo, Era do Ser.

Períodos: Era Industrial: 1760-1988 – Era da Informação: 1989-2020 – Nova Era: 2021-2060

O gráfico não deixa a menor dúvida de que tudo em nossa sociedade atual está impregnado dos conceitos e teorias trazidos da Era Industrial, Era da Separação e Era do Individualismo, cada qual por si. E tudo isso nos trouxe até aqui, a um vazio de nós mesmos. Então, vamos tentar fazer diferente? Vamos fazer uma busca para saber quem somos? Só assim, poderemos fazer as transmutações em vários setores de nossas vidas, e em especial a transmutação financeira. Quando buscamos o autoconhecimento, quando nos concentramos em nós, com nossas qualidades e defeitos, acabamos aceitando o outro com mais facilidade, tanto quanto a nós mesmos. Tudo fica mais fácil. Faz sentido para você?

CAINDO NA REAL – CARGAS TRIBUTÁRIAS

Você sabe qual é a carga tributária a que vai se sujeitar ao iniciar sua vida produtiva? Tenha certeza de que a maioria das pessoas não sabem. Porém, a carga tributária que pesa sobre o seu salário ou sobre a sua remuneração vai impactar diretamente a sua terceira idade. E se você não destinar uma atenção e um tempo pensando sobre isso, vai sofrer as consequências dessa falta de atenção no futuro.

A escolha é sua, sempre foi e sempre será, mas destine um pouco de tempo para ficar minimamente a par desse tema. Quanto mais informações, mais você estará preparado para fazer escolhas sábias.

Então, quando alguém lhe perguntar: "O que você vai ser quando crescer?", aproveite a oportunidade para fazer uma avaliação consciente se você será empregado, autônomo, dono de empresa ou investidor. Antes de se decidir, veja os números do imposto de renda abaixo.

Ou seja:

> **Empregado** – paga o imposto sobre o salário, no percentual de 0% a 27,5%. Quanto mais ganha, mais imposto paga.
>
> **Autônomo** – paga o imposto sobre a remuneração no percentual de 0% a 27,5%; porém, se tiver uma profissão regulamentada, ficará sujeito a pagar anualmente sua inscrição ao seu conselho de classe. Assim, quanto mais ganha, mais imposto paga, acrescido o gasto com a inscrição ativa no conselho de classe.
>
> **Dono de empresa** – o sócio, ao receber a distribuição dos lucros, paga 0,00% de imposto; a retirada pode ser trimestral, semestral ou anual, já que no Brasil "ainda" não há incidência de imposto sobre distribuição de lucro. Contudo, a empresa, dependendo do seu enquadramento fiscal, poderá pagar o percentual de imposto de 6% a 21,97%.
>
> **Investidor** – o investidor estará sujeito ao pagamento de impostos apenas **sobre o lucro**, algo entre 15% e 20%, dependendo do tipo de ativo financeiro em questão. Mas se você investir em ativo financeiro do mercado à vista – "ações" – e se não retirar acima de R$ 20 mil mensais, ficará isento de pagamento de imposto de renda.

Cabe lembrar que o pagamento de impostos serve para custear as despesas do Estado brasileiro nas esferas federal, estadual e municipal, para que possam atuar na prestação de serviços públicos (educação, saúde, segurança etc.). No entanto, o Estado brasileiro não é um bom gestor, e isso acaba impactando a qualidade dos serviços prestados à população, mas aí já é um outro assunto.

Assim, o percentual médio de impostos que você paga mensalmente durante a vida toda, ou seja, durante a segunda fase produtiva, incluindo os impostos visíveis e invisíveis, impactará significativamente a sua liberdade financeira. Tenha muita, muita atenção!

VALORES PARA UMA VIDA DIGNA

Ao entrar na fase produtiva da vida, você deve pensar profundamente e definir quais são os valores que vão nortear a sua jornada, a sua estrada. Isso não quer dizer que, conforme o tempo vai passando e o amadurecimento chegando, alguns valores podem ser alinhados. Na verdade, tudo faz parte do processo da vida, da vida em movimento.

Nos dias atuais não tem como deixar de falar sobre os valores, atributos que, em tese, definem uma pessoa; caso ela viva em coerência com eles.

Por esse motivo, faz-se necessário tratarmos de seus valores pessoais, ver se de fato eles são aplicados no seu dia a dia, de modo que suas decisões sejam sempre impregnadas desses valores. E isso deve ser tão natural e legítimo que as pessoas, ao lhe descreverem, usem esses adjetivos que você escolheu e ao longo de durante toda a sua trajetória pessoal.

Para ajudar você a identificar os valores que melhor podem lhe definir, listo aqui alguns. Feita a seleção, utilize sua lista pessoal de valores cada vez que tiver que fazer alguma escolha. Mantendo-se fiel a esses valores durante sua vida, certamente trilhará um belo caminho calcado na segurança, independência e liberdade financeira.

Amoroso	Altruísta	Autêntico	Bondoso
Comunicativo	Confiável	Criativo	Dedicado
Determinado	Digno	Disciplinado	Educado
Eficiente	Empático	Extraordinário	Generoso
Honesto	Humilde	Inovador	Íntegro
Inteligente	Leal	Otimista	Perseverante
Sábio	Solidário	Transparente	Verdadeiro

Com o intuito de sedimentar o conhecimento, escolha cinco valores da tabela acima e preencha as lacunas abaixo. Escolha os que vão lhe definir daqui para a frente (claro que, a cada ciclo de vida, alguns desses valores podem ser redefinidos). Fique à vontade, nosso objetivo é apenas exemplificar.

HISTÓRIAS FICTÍCIAS

Continuando as nossas "Histórias Fictícias", podemos observar nossos três personagens em dois momentos diferentes: em outubro de 2011, e em outubro de 2006.

BALBINA

Mensalmente, ela sempre reserva 20% de tudo que ganha e investe na poupança. Não tem nenhum conhecimento de outros ativos financeiros que possibilitem ganhos mais elevados, e não conhece forma de viver mais protegida. Mas, todo ano Balbina viaja nas férias escolares do filho Henrique. Planeja com muita antecedência e, quando sai em viagem, as passagens e a estada já estão pagas. Até o dinheiro a ser gasto nas férias também é separado mensalmente com essa finalidade.

MÉVIO

Mévio e Lúcia vivem no limite, pois pagam o financiamento da casa própria, custeiam atividades extracurriculares para os filhos, arcam com o financiamento do carro da família e viajam sempre que possível nas férias.

TÍCIO

Tício paga pensão para os filhos, está montando uma nova casa, pagando o financiamento do carro "zero", e não tem reservas financeiras, pois prefere viver o momento presente. Para ele, o futuro a Deus pertence.

 Quiz ▶ PERFIL INICIAL DO LEITOR

Você pensa no futuro?

De 0 a 30, o quanto você pensa no futuro?

Você acha que é cedo para pensar no futuro?

Na sua família tem alguém na 3ª idade, ou seja, com mais de 66 anos?

Se afirmativa, ele(s) ou ela(s) tem(têm) renda própria para sua(s) subsistência(s)?

Se negativo, quem os(as) ajuda?

Você sabe explicar o motivo pelo qual ele(s) ou ela(s) hoje é(são) dependente(s) de alguém?

Você quer perpetuar esse tipo de situação na sua vida?

PARTE III

PRINCÍPIO DO CONHECIMENTO

PARADIGMAS DO SUCESSO FINANCEIRO

ESPELHO MENTAL SOBRE O DINHEIRO

Saiba que a sua situação financeira atual é o reflexo do espelho de sua mente, e que ela teve influência da forma como você foi criado.

É preciso pensar muito bem sobre este assunto, porque o êxito de sua transformação financeira necessitará que você crie espelho de mente, caso queira obter resultados diferentes do atual.

Se essa afirmação lhe incomoda, você precisa imediatamente arrumar, alinhar a sua forma de pensar e agir, porque ter dinheiro é puramente um espelho da sua mente. Afinal, você é o que pensa, o que deseja, e com o que gasta tempo e atenção.

Se não criar um espelho de mente de forma correta, se não treinar a pensar diferente, pouco vai adiantar você obter os conhecimentos das estratégias financeiras sobre como acumular e multiplicar o dinheiro.

Você acabará encontrando um modo de perder todo o dinheiro investido ou ganho em algum momento de sua vida. Então, se identificar onde está errando, procure ajuda o mais rápido possível. Somente assim poderá alinhar sua mente no caminho da liberdade financeira.

Com a finalidade de entender plenamente o que estou querendo dizer, vou contar uma curta história que você já deve ter lido ou escutado.

Algumas pessoas ficam milionárias de uma hora para outra: ou porque ganham na loteria, ou porque recebem um prêmio. Porém, passados alguns anos, grande parte delas se encontra em situação pior do que antes de ganhar na loteria ou de receber o prêmio. Alguns vão dizer que não tiveram sorte ou que torraram tudo em farras, mas a resposta é bem simples. O espelho mental delas não era bom, e por isso perderam tudo que ganharam!

Então, pare, pense, analise: qual é o seu espelho mental hoje? Não precisa ter vergonha de admitir que você não tem um bom espelho mental, na realidade. Mas existem meios de modificar isso, assim:

> **1º passo** – Reconhecer que não tem um bom espelho mental. Ao reconhecer e admitir o problema, você está no caminho de resolvê-lo.
> **2º passo** – Procurar ajuda para desbloquear o entrave na sua vida. Com ajuda, o caminho será mais curto e suave.
> **3º passo** – Tenha paciência, a mudança de hábito leva algum tempo, então seja paciente com você.

Feito isso, você perceberá que não há nada de errado em ser rico, em querer ter mais dinheiro para si, para sua família e para ajudar outras. Quanto mais dinheiro tiver, mais poderá ajudar os outros que não tiveram as oportunidades que você está tendo em ter acesso às informações.

Lembre-se de que ter dinheiro é uma bênção. Sobretudo quando está alinhado com seus valores, ele concede mais conforto a você, familiares e outras pessoas com as quais se importa.

Quiz ▸ MENTALIDADE DO LEITOR

Qual é o seu espelho mental sobre o dinheiro?

Você conversa sobre o dinheiro com sua família ou com seus amigos?

Você acredita que o dinheiro é o resultado do trabalho duro?

Você acha possível transformar o seu trabalho em missão?

Você está disposto a fazer o que for necessário para ter bons resultados financeiros (sempre alinhados com seus valores)?

Porém, lembre-se sempre de que, se tem algum bloqueio relacionado ao dinheiro, você precisa trabalhar suas crenças para poder obter prosperidade e abundância. Você somente pode ter e reter o que ama. E mais: o dinheiro, no fim das contas, é apenas o resultado do tempo, das metas cumpridas, dos projetos executados e de toda energia empregada por você.

FONTE DO DINHEIRO

A palavra fonte significa origem. Logo, a origem do dinheiro significa a fonte de onde ele vem. Você sabe de onde vem o dinheiro que ganha diária, mensal ou anualmente?

Normalmente, podemos citar quatro fontes do dinheiro:

> **Como Empregado** – Considera-se empregada toda pessoa física que prestar serviços de natureza não eventual a empregador, sob a dependência e mediante salário (art. 3º da CLT).
>
> **Como Autônomo** – Considera-se autônomo todo aquele que exerce sua atividade profissional sem vínculo empregatício, por conta própria e com assunção dos próprios riscos, ou seja, a prestação de serviços é de forma eventual e não habitual.
>
> **Como Empresário** – Considera-se empresário quem exerce profissionalmente atividade econômica organizada para produção ou circulação de bens ou de serviços (art. 966 do Código Civil).
>
> **Como Investidor** – Considera-se investidor todo aquele que realiza operações de compra e venda de ativos financeiros para obter lucros.

Já comentamos anteriormente como obter a tributação brasileira para cada uma das fontes do dinheiro. Mas nunca é demais afirmar que a escolha da fonte do seu dinheiro vai impactar sobremaneira você ao atingir os seus objetivos no futuro.

Dessa forma, tendo presença, atenção e vontade, e combinando esses três fatores com outros elementos como autoconhecimento, intenção verdadeira e desprendimento, você atingirá mais rápido os seus objetivos sólidos e concretos.

REGRAS DA EDUCAÇÃO FINANCEIRA

As regras básicas da educação financeira, apesar de simples, não são observadas pela maioria das famílias brasileiras, e a consequência imediata é o endividamento de grande parte delas.

1. **Gastar menos do que ganha** – A base da educação financeira é o consumo consciente, gastar menos que ganha e evitar compras por impulso.

2. **Procurar aumentar a sua renda** – Veja qual é o seu dom, a sua habilidade e a transforme em renda extra. Fique atento às oportunidades que aparecem ao longo da vida. Às vezes a felicidade mora ao lado, ou melhor, está dentro de você.

3. **Não fazer dívida** – Procure primeiro investir para depois consumir, assim você não contrai dívida. Mas se surgirem dívidas, trate de quitá-las o mais rápido possível. Renegociando, se for o caso.

4. **Investir na conta investimento** – Com as contas em dia, passe a destinar de 10% a 30% para sua conta investimento, investindo de forma inteligente para que com o tempo seus investimentos cresçam sozinhos. Muitas pessoas acham que para investir necessitam de muito dinheiro, isto não é verdade. Você pode iniciar seus investimentos com R$ 50,00, e em 10 a 20 anos terá um direito de escolha que pode modificar o nível de vida de hoje. A força do hábito lhe ajudará a alcançar o percentual ideal.

5. **Planejar** – É a base sólida, defina suas metas a curto, médio e longo prazos.

PARTE III — PRINCÍPIO DO CONHECIMENTO

Desse modo, podemos enumerar cinco regras capazes de moldar a vida financeira de qualquer pessoa.

O seu foco deve ser aprender a se pagar em primeiro lugar. Quando você receber a sua remuneração, antes de sair pagando quaisquer despesas e obrigações, primeiro pague-se. Destine um percentual de 10% a 30% para sua conta investimento e aplique em renda fixa para começar.

Por que os financistas indicam o percentual ideal de 30% a ser destinado à conta investimento? É por uma razão bem simples:

Respostas ▶ ▶

Vamos observar como ocorre a tributação brasileira pelo ângulo abaixo:

O **Investidor** somente paga imposto sobre o lucro. Sobre o capital não há tributação (porque já foi tributado no momento de auferir a renda). Porém, no mercado à vista, o imposto não precisa ser pago se o investidor retirar da corretora menos que R$ 20 mil mensais.

O **Empresário**: quem paga imposto é a empresa e não o empresário, e na distribuição de lucros não há incidência de imposto.

Porém, o **autônomo** e o **empregado** são os que acabam pagando a conta da tributação de acordo com a faixa de salário ou remuneração que ganham. Quanto mais recebem, maior é a faixa de retenção; a maior é de 27,5%. Faz sentido para você?

88% dos trabalhadores brasileiros recebem menos que três salários mínimos. Logo, não pagam impostos diretos, somente os impostos indiretos ao consumirem produtos e serviços.

12% dos trabalhadores brasileiros estão sujeitos à tributação. Por isso pagam impostos diretos e indiretos ao consumirem produtos e serviços.

Fonte: IBGE

Quiz ▶ NÍVEL DE CONSCIÊNCIA FINANCEIRA DO LEITOR

Você ganha menos do que gasta? Por quê?

Você tem renda extra? Qual ou quais?

Você tem dívida?

Você tem investimentos? Onde? Renda fixa ou variável?

Você faz planejamento a curto, médio e longo prazos?

Logo, se não destinar um percentual de 30% ou aproximado para sua conta investimento todos os meses, você ficará mais pobre a cada mês que passa. E esse dinheiro vai fazer falta quando chegar na sua terceira idade, pois os rendimentos caem. Além do mais, hoje não temos garantia alguma de que o INSS (previdência oficial) continuará pagando as aposentadorias, tendo em vista o envelhecimento da população.

Por isso, todo cuidado é pouco. Você precisa criar uma conta investimento para sua terceira idade. Para não depender de ninguém, nem da família nem do governo. Fique atento!

Cabe também esclarecer que os impostos aos quais nos referimos são apenas os impostos visíveis, pois todos e quaisquer produtos ou serviços que pagamos vêm acrescidos de impostos invisíveis. Compreendeu?

PÓDIO DA RIQUEZA

Neste tópico podemos definir as metas que você precisa traçar para alcançar a sua liberdade financeira, que são três:

Segurança Financeira: é o primeiro passo da liberdade financeira, porém 88% dos trabalhadores brasileiros não conseguem alcançar e/ou manter-se nesse degrau do pódio. Todo ser humano deve ter como primeiro foco atingir esse degrau. Na segurança financeira, você deve ter um salário que lhe permita quitar todas as despesas básicas e necessárias para viver, como:

PARTE III – PRINCÍPIO DO CONHECIMENTO

Habitação	Alimentação
Transportes	Plano de Saúde
Educação	Energia
Água	Gás
Serviços pessoais	Vestuário
Telecomunicação	Recreação e cultura
Plano de saúde	Outros serviços

Se ainda não tem recursos que possibilitem pagar todas essas despesas, você ainda não atingiu sua segurança financeira. O conselho que dou para quem ainda não alcançou essa meta é, caso tenha apenas uma renda, buscar uma segunda fonte de renda ou renda extra, de modo que tenha uma vida com mais conforto.

› **Independência Financeira:** é o segundo passo da liberdade financeira. É aquela fase da vida em que você possui uma renda para pagar as despesas da segurança financeira, e também ter mais conforto, e lhe permite ainda destinar um percentual mensal de 10% a 30% para sua conta investimento, a fim de criar uma reserva técnica e investir para o futuro. Porém, em tese, somente 11% dos trabalhadores brasileiros têm recursos para começar a investir, para ter uma terceira idade com dignidade.

Mas quem conseguiu chegar a este degrau precisa prestar muita atenção, pois o mercado financeiro não é para amadores. Quem quiser investir neste segmento do mercado precisa aprender as regras de como proteger, acumular e multiplicar seus recursos financeiros. Então, você precisa dedicar um tempo para investir seus recursos como forma de segurança ao fazer seus investimentos.

> **Liberdade Financeira:** é o terceiro passo da liberdade financeira. Aqui você tem direito a uma medalha de ouro, pois neste degrau você tem segurança e Independência Financeira, e não precisa mais trabalhar para viver. Você trabalha somente se quiser, pode se dar os luxos que desejar, viver no lugar dos sonhos, fazer as viagens que sempre sonhou etc.

No entanto, somente 1% dos trabalhadores brasileiros consegue atingir este degrau. A renda desse 1% dos trabalhadores brasileiros mais ricos chega a ser 34 vezes maior do que a renda dos trabalhadores menos favorecidos. Aqui fica patente a desigualdade brasileira. Precisamos lutar para transformar a nossa sociedade por meio da educação financeira de longo prazo, cujos efeitos somente sentiremos a partir de, no mínimo, uma década, se iniciarmos agora a nossa transformação financeira.

PARTE III – PRINCÍPIO DO CONHECIMENTO

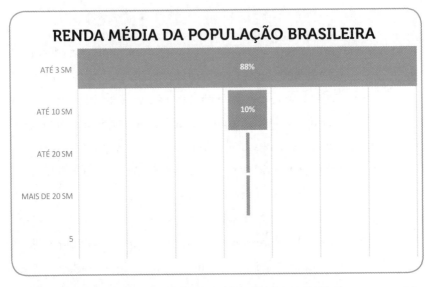

Resumo: 60% vivem com até um salário mínimo; 23% vivem com até dois salários mínimos; 5% com até três salários mínimos; 10% com até 10 salários mínimos; 1% com até 20 salários mínimos e 1% vive com mais de 20 salários mínimos. (Fonte: IBGE)

TIPOS DE RENDA

Qualquer pessoa que trabalha aufere ou recebe uma remuneração, aqui qualificada como renda. Ela pode ser:

1. **Renda Principal** – Geralmente é o seu principal trabalho, proveniente de sua profissão ou formação, ou não. O ideal é que sua renda principal lhe assegure honrar todas as despesas habituais. Se ela não lhe assegurar o pagamento das despesas habituais, procure aumentá-la.
Você precisa ter em mente que o equilíbrio financeiro permitirá a você construir sua estrada a caminho da liberdade

financeira, pois tudo é um processo que demanda tempo, paciência, disciplina e consistência.

2. **Renda Extra** – É aquela renda proveniente de uma outra atividade ou habilidade que você tem. Inicialmente o objetivo pode ser aumentar a sua renda por meio de horas extras de trabalho, pela venda de produtos de marketing de rede, venda direta ou criação de produtos.

Porém, ao criar uma renda extra, destine um percentual de 30% a 50% para sua conta investimento, de modo que, com o tempo, você possa transformá-la em renda passiva, para que esta, ao se multiplicar, possa gerar mais renda para você.

Exemplos de renda extra:

PARTE III – PRINCÍPIO DO CONHECIMENTO

3. Renda Passiva – É a renda que entra em sua conta independentemente de você trabalhar ou não. É a renda chave para ter Independência Financeira, requerendo apenas planejamento de longo prazo.

Exemplos de renda passiva:

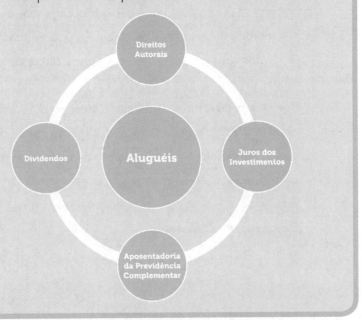

OS SEGREDOS DA LIBERDADE FINANCEIRA

 1º Segredo – Concentrar-se na criação de renda passiva. Para melhor compreensão de todos, vamos compartilhar a história de uma senhora que morou em Portugal por aproximadamente 20 anos. Era uma senhora humilde, que foi morar em Portugal quando tinha aproximadamente 50 anos, logo depois de se divorciar do marido. Chegando a Portugal, encontrou trabalho na área de limpeza, trabalhou por muitos anos em várias residências, e durante esse tempo economizou parte de sua remuneração e adquiriu alguns imóveis no sul do Brasil. Ao completar 70 anos, decidiu que estava na hora de se aposentar e viver de rendimentos da aposentadoria recebida em euros e dos rendimentos dos imóveis que comprou durante a sua fase produtiva. Veja que história incrível! Era uma senhora humilde, porém muito sábia.

Então, o segredo é você manter o foco em criar o mais rápido possível uma renda passiva, a fim de que ela lhe permita viver uma terceira idade com dignidade.

2° Segredo – Para você que é empregado.
Se não nasceu em berço de ouro e deseja alcançar sua liberdade financeira, você precisa montar uma estratégia durante sua vida produtiva. Procure um emprego/trabalho, trabalhe as horas contratadas, sejam as 44 semanais ou mais. Durante esse período, seja um funcionário exemplar, cumpra suas responsabilidades e prazos. Porém, destine sete horas semanais para trabalhar para o seu negócio. Se você dedicar uma hora por dia seja em que trabalho for, em cinco anos se tornará um especialista nessa atividade, e assim terá sucesso em tudo o que fizer e gastar o seu tempo.

PARTE III – PRINCÍPIO DO CONHECIMENTO

COMO EMPREGADO
- Trabalhe as horas contratadas. Exemplo: 44 horas semanais.
- Seja exemplar: respeite as regras, cumpra seus prazos e seja responsável.

TRABALHE PARA SEU NEGÓCIO
- Trabalhe no mínimo sete horas por semana no seu projeto.
- Tenha foco, objetivo e disciplina.

A fórmula do seu sucesso está aqui. Agora é com você!

Quiz ▶ EVOLUÇÃO FINANCEIRA DO LEITOR

Qual é a sua renda principal?

_____

Você tem uma renda extra? Qual?

_____

Você tem renda passiva? Qual? Se não tem, deseja ter?

_____

_____

PARTE III – PRINCÍPIO DO CONHECIMENTO

GESTÃO DO DINHEIRO

É preciso ter consciência e clareza na hora de administrar o dinheiro. A fórmula perfeita para você ter equilíbrio financeiro está em separar seus recursos mensalmente da seguinte forma:

> **Conta Despesas Essenciais – CDE** – 50% – Você deve pagar suas despesas mensais e recorrentes baseado neste percentual.
>
> **Conta Educação – CE** – 10% – Se você quer mudar de vida e almeja viver com conforto no futuro, precisa investir periodicamente em si, no seu conhecimento e no dos entes de sua família. A vida está em movimento constante, sempre procure manter-se bem informado, porque o mundo é dinâmico e quem não procurar se atualizar ficará para trás. A educação é a saída, sempre foi e sempre será, seja a educação formal ou informal.
>
> **Conta Vida Extraordinária – CVE** – 10% – Destine este percentual para sua liberdade financeira, invista mensalmente durante toda a sua vida produtiva, a fim de que, quando chegar na terceira idade, você possa usufruir de uma vida digna.
>
> **Conta Sonhos – CS** – 10% – Você pode investir este percentual na aquisição de algum sonho, algum plano, alguma meta. Nunca deixe de destinar e investir este percentual em algum tipo de investimento.
>
> **Conta Lazer – CL** – 10% – Mensalmente você deve presentear-se e à sua família, porque precisamos viver

o hoje, o agora. Então, destine sempre um valor para o lazer. Gaste todo o percentual destinado para esta finalidade, pois a vida é feita de momentos. A vida não pode ser construída somente com sacrifício, porque se você não alimentar sua criança, poderá perder o prazer de viver, e quando o futuro chegar nem mais saberá como fazer isso. Então, nunca esqueça de si e de sua família.

› **Conta Doação – CD** – 10% – Empregue este percentual para ajudar a quem necessita, seja generoso. O mundo e muitas pessoas necessitam de você. Não espere fazer algo por alguém quando a vida melhorar, faça algo agora e com o que você tem. Se você não tem dinheiro, doe seu tempo, doe sua atenção!

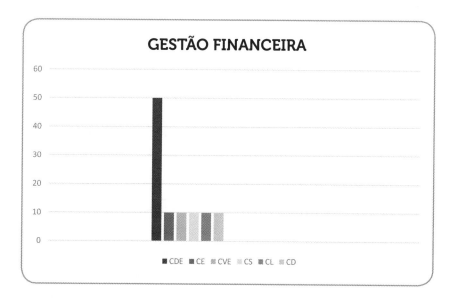

PARTE III – PRINCÍPIO DO CONHECIMENTO

PROPOSTA DA LIBERDADE FINANCEIRA

> **Renda Principal** – Qualquer indivíduo, ao iniciar sua vida produtiva, terá uma renda principal, que pode ser de acordo com sua formação ou alguma habilidade desenvolvida. Porém, nunca se esqueça de se pagar em primeiro lugar, destinando de 10% a 30% para sua conta de investimento. Mais à frente vamos tratar dos tipos de investimentos.

> **Renda Extra** – Se você não ganha o suficiente com a sua renda principal, procure ter uma segunda fonte de renda de acordo com a sua habilidade ou de acordo com oportunidades que diariamente passam na sua frente, na sua vida. Aqui, o processo deve ser o mesmo: destine no mínimo o percentual de 10% a 30% para sua conta de investimento.

> **Investimentos** – Com os percentuais destinados para sua conta de investimento, você deve iniciar a investir em renda fixa até atingir o montante de 12 vezes o valor das suas despesas mensais, o que chamamos de reserva técnica. Em paralelo a isso, destine um tempo e algum recurso para aprender como investir. E quando atingir o montante da reserva técnica, você deve começar a aplicar em renda variável. Mais à frente vamos tratar dos tipos de investimentos possíveis.

> **Renda Passiva** – Para aquelas pessoas que querem ter inteligência financeira, o foco deve ser transformar o mais rápido possível a renda principal ou renda extra em renda passiva. Por que isso? Porque com a renda passiva você não terá que gastar muito tempo e energia, porque ela trabalha para você. Porém, não deve deixar de investir na sua educação, de forma a estar sempre atualizado sobre as melhores formas de criar a sua renda passiva. Se você não se qualificar, não adianta nada ganhar dinheiro. Se não souber fazer o planejamento estratégico, não será capaz de se proteger das crises econômicas a que somos obrigados a enfrentar de tempos em tempos.

Crie estratégias para, durante sua vida produtiva, ter segurança:

PARTE III – PRINCÍPIO DO CONHECIMENTO

ALINHAMENTO DAS FINANÇAS

A primeira coisa a fazer para tomar o controle da sua situação é anotar tudo o que você ganha e tudo o que gasta.

Planilha: Suas Receitas

DATA	TIPO DE RENDA	VALOR
02.02.2021	Renda Principal	R$ 5.800,00
10.02.2021	Renda Extra	R$ 1.500,00
15.02.2021	Renda Passiva	R$ 2.100,00
28.02.2021		R$ 9.400,00

Planilha: Suas Despesas

DATA	DESPESAS	VALOR
02.02.2021	Conta Investimentos	R$ 950,00
03.02.2021	Supermercado	R$ 1.400,00
08.02.2021	IPTU	R$ 69,00
08.02.2021	Pet	R$ 60,00
10.02.2021	Aluguel	R$ 900,00
10.02.2021	Condomínio	R$ 600,00
10.02.2021	Educação	R$ 500,00

10.02.2021	Academia	R$	60,00
15.02.2021	Energia	R$	110,00
15.02.2021	Farmácia	R$	100,00
15.02.2021	Seguro de Vida Resgatável	R$	350,00
16.02.2021	Gás	R$	59,00
16.02.2021	Internet	R$	129,00
16.02.2021	TV a Cabo	R$	109,00
18.02.2021	Plano de Saúde	R$	850,00
19.02.2021	Restaurantes	R$	200,00
19.02.2021	Financiamento de Imóveis	R$	660,00
20.02.2021	Celular	R$	89,00
20.02.201	Salão de Beleza	R$	100,00
25.02.2021	Cartão	R$	600,00
	Total	R$	7.895,00

PARTE III – PRINCÍPIO DO CONHECIMENTO

TIPOS DE DESPESAS

› **Essenciais Fixas** – São as despesas que não sofrem variações dentro de um período de 6 a 12 meses, tais como:

DATA	DESPESAS	VALOR	
02.02.2021	Investimentos	R$	950,00
08.02.2021	IPTU	R$	69,00
10.02.2021	Aluguel	R$	900,00
10.02.2021	Educação	R$	500,00
15.02.2021	Seguro de Vida Resgatável	R$	350,00
16.02.2021	Internet	R$	129,00
16.02.2021	TV a Cabo	R$	109,00
18.02.2021	Plano de Saúde	R$	850,00
19.02.2021	Financiamento de Imóveis	R$	660,00
	Total	R$	4.517,00

> **Essenciais Variáveis** – São as despesas que sofrem variações mês a mês, tais como:

DATA	DESPESAS	VALOR
03.02.2021	Supermercado	R$ 1.400,00
08.02.2021	Pet	R$ 60,00
10.02.2021	Condomínio	R$ 600,00
15.02.2021	Energia	R$ 110,00
15.02.2021	Farmácia	R$ 100,00
16.02.2021	Gás	R$ 59,00
19.02.2021	Restaurantes	R$ 200,00
20.02.2021	Celular	R$ 89,00
	Total	R$ 2.618,00

> **Não Essenciais Fixas** – São as despesas que não sofrem variações dentro de um período de 6 a 12 meses, tais como:

DATA	DESPESAS	VALOR
10.02.2021	Academia	R$ 60,00
	Total	R$ 60,00

> **Não Essenciais Variáveis** – São as despesas que sofrem variações mês a mês, tais como:

DATA	DESPESAS	VALOR
19.02.2021	Restaurantes	R$ 200,00
20.02.2021	Salão de Beleza	R$ 200,00
25.02.2021	Cartão	R$ 2.900,00
	Total	R$ 3.700,00

Para ajudar você, desenvolvemos uma planilha que pode ser baixada apenas apontando a câmera do seu celular para o QR Code ao lado.

RESENHA DA SITUAÇÃO FINANCEIRA

Após ter conhecimento de como gerir seu dinheiro e ter feito as planilhas de despesas e receitas, você agora tem clareza de como estão as suas finanças. Então, agora você tem condições de alinhar sua estratégia rumo à liberdade financeira.

CONTROLE FINANCEIRO

Mediante a confrontação das planilhas de despesas e receitas, você visualizará sua real situação financeira:

Se suas despesas são superiores às receitas, você precisa urgentemente aprender a gerir suas finanças.

Se suas despesas e receitas estão no 0 a 0, não há sobras. Neste caso, você precisa aumentar seus rendimentos mensais.

Se suas despesas são inferiores às receitas, você já pode imediatamente destinar um valor para sua conta investimento sem grandes esforços. Então, meus parabéns! Você está no caminho certo.

No entanto, para aqueles que ainda não estão no verde, tudo bem, ainda há tempo de aplicar todo o conhecimento adquirido neste livro. Num curto espaço de tempo, se você se dispuser a colocar em ação o que aprendeu até aqui, poderá iniciar a investir para alcançar sua liberdade financeira.

O ideal para você fazer uma boa gestão do seu dinheiro é:

DESAFIO PARA JUNTAR DINHEIRO

Aqui, aproveito para desafiar você, que não consegue juntar dinheiro, a iniciar seu processo a caminho de sua vida extraordinária. Você deve separar um valor por 21 dias, sejam R$ 2,00, R$ 5,00, R$ 10,00, R$ 20,00, R$ 50, R$ 100,00 ou R$ 200,00. Após 21 dias, coloque esse montante em uma corretora ou num banco digital e aplique o valor separado. Siga fazendo assim quantas vezes achar necessário. Porém, se esquecer qualquer dia, reinicie o desafio, que somente estará concluído se for juntado por 21 dias seguidos. Combinado?

Planilha: Desafio de 21 dias

Desafio de 21 dias	Valor Planejado	Valor Reservado	Indicador
1º	R$ 5,00	R$ 10,00	Muito bem! Valor realizado acima do planejado, você se superou!
2º	R$ 100,00	R$ 200,00	Muito bom! Valor realizado acima do planejado, você se superou!
3º	R$ 5,00	R$ 2,00	Atenção! Valor planejado superior ao realizado.
4º	R$ 5,00	R$ 5,00	OK
5º			
6º			
7º			
8º			
9º			
10º			
11º			
12º			
13º			
14º			
15º			
16º			
17º			
18º			
19º			
20º			
21º			

PARTE III – PRINCÍPIO DO CONHECIMENTO

Comece agora seu desafio. Aponte a câmera do seu celular para o QR Code ao lado e baixe a planilha acima.

COMO REDUZIR DESPESAS

Priorize despesas essenciais fixas e variáves.

Faça portabilidade do plano de internet/celular de uma operadora para outra mais barata.

Tenha conta em bancos digitais sem encargos de manuteção da conta.

Compre em supermercados que tenham plano de fidelidade.

Faça lista antes de sair para compras, e se mantenha fiel a ela.

Controle seu impulso, somente compre o que você precisa.

DESPESAS INVISÍVEIS

As despesas invisíveis são aquelas que você tem, mas não percebe, não anota, e no fim no mês acabam impactando o seu orçamento.

Por exemplo, o cigarro que você compra e não anota, o lanche que você faz e não anota, compras que você faz sem necessidade, compras por impulso, tudo são despesas invisíveis.

Outras despesas invisíveis são a manutenção do carro, da casa ou de um equipamento de uso próprio ou da família, e assim por diante.

Então, comece a anotar tudo que gasta. Somente fazendo esse exercício é que você vai perceber quais são suas despesas essenciais e as despesas supérfluas.

Quais são suas despesas invisíveis? Escreva 4 delas nos balões abaixo.

PARTE III – PRINCÍPIO DO CONHECIMENTO

CLASSIFICAÇÃO DAS DÍVIDAS

Podemos, por assim dizer, que existem dois tipos de dívida:

> **Dívida boa** – Nem toda dívida é ruim, tem dívida inteligente, como aquelas que você faz com planejamento, tudo bem pensado e calculado. Seja na compra de um imóvel financiado cujas parcelas são menores do que as que você gastava com aluguel, seja para montar um negócio que você sabe exatamente o quanto vai faturar para cobrir o empréstimo.

> **Dívida ruim** – Já a dívida ruim é aquela que você faz sem pensar nas consequências. Além de tirar dinheiro do seu bolso, geralmente ela cresce como uma bola de neve, por causa dos juros inseridos em seu bojo. Um bom exemplo são as dívidas de cartões de crédito ou de um empréstimo com juros abusivos.

Você tem dívida boa ou ruim? Quais? Anote nos quadros abaixo.

COMO ELIMINAR AS DÍVIDAS?

Para eliminar suas dívidas, você precisa colocar no papel, no caderno ou numa planilha do Excel todas as suas despesas. Ao visualizar, você se situa e percebe a sua real situação financeira, como nos exemplos:

Planilha: Elimine suas dívidas

DATA	DÍVIDA	VALOR	JUROS
05.06.2018	Financiamento do apartamento	R$ 90.000,00	0,89% a.m.
02.12.2019	Financiamento do carro	R$ 25.000,00	1,45% a.m.
30.03.2020	Cartão de crédito	R$ 5.000,00	8,35% a.m.
30.04.2020	Cheque especial	R$ 4.000,00	7,8% a.m.
02.05.2020	Empréstimo	R$ 8.000,00	5,54% a.m.

Aponte a câmera do seu celular para o QR Code ao lado, baixe a planilha e anote suas dívidas.

PARTE III – **PRINCÍPIO** DO **CONHECIMENTO**

ESTRATÉGIAS PARA ELIMINAÇÃO DAS DÍVIDAS

Priorize pagar a dívida com a maior taxa de juros.

Direcione sua visão para ver as dívidas com maior taxa de juros, em vez de focar no montante da dívida.

Liquide primeiro uma dívida e depois outra.

Troque uma dívida por outra com menor taxa de juros: cartão de crédito por CDC.

Se for necessário, cancele seus cartões de crédito até aprender a se controlar.

INVERSÃO DE VALORES

Não é tão simples escrever sobre inversão de valores, pois cada pessoa tem o próprio mundo, e o universo de cada um é muito pessoal. Mas cada pessoa é completamente responsável pelo mundo em que vive.

No entanto, no nosso país muitos têm o hábito de gastar primeiro, para depois criar renda para honrar a dívida assumida. Isso não acontece somente com você, é comum com a grande maioria do povo brasileiro, é cultural. Mas precisamos fazer um movimento para modificar esse traço que carregamos por gerações e passamos para nossos descendentes. É um processo, mas é necessário, precisamos fazer por nós e por todo mundo.

Então, crie um plano com clareza, com meta, com foco e prazo para alcançar sua liberdade financeira. Inicie hoje, priorizando investir em primeiro lugar, para somente depois consumir. Somente assim você poderá ter uma terceira idade com dignidade, para não ter que trabalhar aos 65 anos por necessidade, mas por prazer se assim o desejar.

O foco é:

QUANDO PROCURAR UM(A) ADVOGADO(A)?

Não tenha receio de consultar um advogado sempre que for necessário.

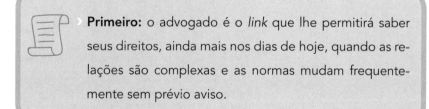

Primeiro: o advogado é o *link* que lhe permitirá saber seus direitos, ainda mais nos dias de hoje, quando as relações são complexas e as normas mudam frequentemente sem prévio aviso.

PARTE III – PRINCÍPIO DO CONHECIMENTO

> **Segundo:** o valor de uma consulta a um advogado pode evitar um prejuízo futuro incalculável econômico ou emocional, tendo em vista que cada caso tem suas peculiaridades. De modo que somente um profissional poderá orientar como proteger os seus direitos.

> **Terceiro:** não faça como a maioria das pessoas que somente procuram a consultoria de um advogado quando o problema já está instalado, faça sempre que possível uma consultoria preventiva. Assim, muitas dores serão evitadas, sejam no bolso, sejam emocionais.

> **Quarto:** o advogado pode dar as melhores orientações em caso, por exemplo, de realização de negócio, de constituição de família, de elaboração de contrato, constituição de *holding* familiar, consultoria em participar de leilão judicial, financiamentos, abertura de empresas e outros.

> **Quinto:** lembre-se de que um acordo pode ser muito mais efetivo, posto que mais célere, e com resultado para ambas as partes.

> **Sexto:** também ao buscar uma consultoria preventiva, o advogado pode indicar um mediador e um conciliador para resolução de conflito, como arbitragem, mediação, conciliação e até mesmo os métodos *online* de resolução de disputas (ODR), com base na experiência profissional.

> **Sétimo:** ao consultar um advogado, você pode receber orientação que às vezes nem imagina. Esse profissional poderá lhe dar um parecer técnico e explicativo,

de modo a lhe orientar a tomar as próprias decisões com fundamentação e não por achismo.

› **Oitavo:** sempre que buscar um advogado, procure profissionais qualificados e recomendados, preferencialmente especialista no assunto em questão para a busca da melhor solução.

› **Nono:** Existem dois tipos de honorários:

Honorários Contratuais – nos quais as partes ajustam o percentual que será pago pelo trabalho realizado;

Honorários de Sucumbência – nos quais o percentual designado por acordo ou por sentença pertence aos advogados nos processos judiciais. Esses honorários não são das partes.

Art. 23. Os honorários incluídos na condenação, por arbitramento ou sucumbência, pertencem ao advogado, tendo este direito autônomo para executar a sentença nesta parte, podendo requerer que o precatório, quando necessário, seja expedido em seu favor". Lei. 8.906, de 04 de julho de 1994.

DIFERENÇA ENTRE SPC E SERASA

O SPC (Serviço de Proteção ao Crédito) e a Serasa (Centralização de Serviços dos Bancos) têm como base registrar informações pessoais, como o nome e o CPF de quem tem dívidas atrasadas, oferecendo mais segurança jurídica para as lojas e os bancos na hora de emprestar dinheiro e fazer financiamentos.

PARTE III – PRINCÍPIO DO CONHECIMENTO

No entanto, embora as intenções sejam iguais, cada uma tem suas características. A Serasa é uma empresa mantida pelos bancos e concentra a maior parte das informações sobre quem tem dívida em bancos ou instituições financeiras no país. Já o SPC é um banco de dados gerenciado pela Câmara de Dirigentes Lojistas (CDL) com acesso aos dados de consumidores que devem no comércio.

Quando você não paga suas dívidas em dia, seu nome e CPF vão para o banco de dados dessas empresas e isso significa que você foi negativado. A partir da data da negativação, você fica com o nome restrito nessas empresas por cinco anos; e somente depois de passado esse prazo, tanto o SPC quanto a Serasa são obrigados a tirá-lo de seu cadastro por causa da prescrição da dívida. Porém, a dívida continua existindo dentro da instituição ou no comércio, e nada impede que você seja acionado judicialmente.

Uma vez negativado em uma delas, essa informação costuma ir para o banco de dados da outra empresa.

Sendo assim, as principais diferenças entre o SPC e a Serasa estão relacionadas à criação e aos tipos de consulta do CPF.

Se você está com o nome em um desses órgãos é necessário fazer um acordo. Ao quitar a primeira parcela, seu nome já poderá ser retirado da lista. O correto é renegociar.

Caso você considere sua dívida injusta, procure um advogado e entre com uma ação.

SPC – SERVIÇO DE PROTEÇÃO AO CRÉDITO	SERASA – CENTRALIZAÇÃO DE SERVIÇOS DOS BANCOS
Banco de Dados do Comércio	Banco de Dados dos Bancos

MAIORES DÍVIDAS QUE CAUSAM A PERDA DE UM IMÓVEL

Se você mora em um edifício, sabe que existe uma administração para ratear as despesas de manutenção das áreas comuns. Tenha muito cuidado e atenção e não permita que a dívida de condomínio se torne uma bola de neve, isso pode levar à perda do imóvel.

Outra dívida bastante comum que faz você perder um imóvel é a dívida de IPTU, em que o Fisco, no caso específico a prefeitura de sua cidade, pode entrar com uma ação de cobrança para exigir o pagamento da dívida em atraso.

Assim, se você não pagar a dívida no prazo estabelecido pelo juiz, o seu imóvel pode ir a leilão.

Falando em leilão, esta é uma janela de oportunidades para investidores, que podem comprar um imóvel a partir de 50% (cinquenta por cento) do valor da avaliação na segunda praça, mas isso é assunto para ser tratado em outro momento. Apenas estou levantando a questão para que você tenha essas informações em mente.

CONDOMÍNIO

IPTU

PARTE IV

PRINCÍPIO DA DISCIPLINA

CONCEITOS BÁSICOS DE FINANÇAS E ECONOMIA

POR QUE INVESTIR?

Você deve investir para quando chegar na sua terceira idade ter o direito de escolher trabalhar por prazer e não por necessidade.

No entanto, os que investem atualmente em nosso país não chegam a 0,5% do total da população, enquanto nos países desenvolvidos o percentual fica em torno de 30%.

> *Em regra, para viver bem na sua terceira idade, você precisa ter um investimento em torno de 200 vezes seus gastos mensais. Ou seja, se suas despesas são de R$ 8 mil mensais x 200 = R$ 1,6 milhão (um milhão e seiscentos mil reais). Para ser possível chegar a esse valor, seria necessário investir, em média, entre 30 e 35 anos durante a vida produtiva.*
>
> (Fonte: Suno Research)

Então, você precisa montar um planejamento de aposentadoria a partir do momento que começa a ter renda. Não deixe para pensar durante os últimos dez anos que antecedem sua aposentadoria; caso contrário, você estará se condenando a morrer trabalhando.

POR QUE TER FOCO NA SUA LIBERDADE FINANCEIRA?

▷ Para ter segurança de arriscar mais em seus projetos pessoais e no seu negócio.

▷ Para aproveitar diversas oportunidades para você e sua família, para acumular e multiplicar recursos no menor tempo possível.

▷ Para ter liberdade de usar seu tempo da forma que for mais conveniente.

▷ Para garantir aposentadoria para você e patrimônio para sua família.

O QUE É RISCO PARA O INVESTIDOR?

O risco é o grau de incerteza em relação à rentabilidade de um investimento. Quanto maior a incerteza do cenário futuro, maior é o risco.

▷ Quanto mais arriscado for o investimento, maior deverá ser a rentabilidade esperada.

▷ A rentabilidade pode ser: baixa (investidor conservador), média (investidor moderado) ou alta (investidor arrojado).

▷ O que vai diferenciar a rentabilidade dos seus investimentos serão os seus conhecimentos do mercado financeiro.

EVOLUÇÃO DOS INVESTIMENTOS

▷ Rentabilidade baixa – Títulos Públicos (Renda Fixa)

▷ Rentabilidade média – Fundos Imobiliários (Renda Fixa e Renda Variável)

▷ Rentabilidade alta – Ações e Opções

PARTE IV – **PRINCÍPIO** DA **DISCIPLINA**

PRAZOS DOS INVESTIMENTOS

▷ Os investimentos podem ser de longo prazo ou curto prazo.

▷ Os investimentos se comportam de forma diferente no longo e no curto prazo.

▷ Faça investimentos sempre definindo seu tempo de duração e acompanhando a evolução do mercado.

▷ No longo prazo, os investidores que se arriscam em excesso perdem todo o investimento.

ESTRATÉGIAS DE INVESTIMENTOS

▷ Baixa rentabilidade e baixo risco no curto prazo. – É uma estratégia para manter seu patrimônio, mas não para acumular.

▷ Média rentabilidade e médio risco no curto prazo. – Tem um retorno melhor no longo prazo, mas com risco cada vez menor ao longo do tempo.

▷ Alta rentabilidade e alto risco no curto prazo. – É uma estratégia insustentável no longo prazo, e você pode ter perdas irrecuperáveis ao longo dos anos. Lembre-se: a especulação não funciona a longo prazo.

PARA QUE SERVE RESERVA TÉCNICA?

▷ Os melhores investimentos a longo prazo são aqueles que possuem risco médio (moderado).

- Na vida real acontecem imprevistos. Muitas vezes você precisará usar o dinheiro da sua conta investimento para cobrir despesas inesperadas.

- Se imprevistos acontecem no curto prazo, você poderá ter que resgatar na hora errada e, com isso, acabará tendo perdas desnecessárias.

- Separe um montante da sua conta investimento em reserva técnica o quanto antes, e aplique em investimento de baixo risco, e que tenha liquidez diária para fazer frente às oscilações repentinas do mercado.

- A reserva técnica deve ser igual a 12 vezes o seu custo médio mensal.

COMO FAZER RESERVA TÉCNICA EM 10, 15 E 20 ANOS

Planilha: Fazendo reserva técnica

Investimento Inicial	R$ 1.000,00	Juros a.a.	1,04
Parcela mensal	R$ 100,00	Juros/mês	1,00327
		Resultados	
Número de anos	Investimento Inicial	Investimento mensal	Total
10	R$ 1.480,24	R$ 14.717,62	R$ 16.197,86
15	R$ 1.800,94	R$ 24.545,60	R$ 26.346,74
20	R$ 2.191,12	R$ 36.503,29	R$ 38.694,41

PARTE IV – PRINCÍPIO DA DISCIPLINA

Aponte a câmera do seu celular para o QR Code ao lado e baixe a planilha que lhe ajudará a calcular sua reserva técnica.

O QUE É LIQUIDEZ?

Podemos dizer que um investimento tem liquidez quando pode ser transformado rapidamente em dinheiro, sem perdas relevantes no seu valor. A liquidez é uma característica de qualquer investimento.

Se um investimento não tem liquidez (ilíquido) significa que ele não pode ser transformado rapidamente em dinheiro sem perda do valor do investimento.

É por isso que a reserva técnica precisa ter liquidez imediata, porque é um dinheiro que precisa estar disponível integral e rapidamente.

LIQUIDEZ DOS INVESTIMENTOS

Com a finalidade de melhor fixar o entendimento, vamos exemplificar:

Imóveis – Liquidez **baixa**, leva meses para vender pelo preço que ele vale.

Títulos Públicos – Liquidez **média**, demora em média de D (dia do resgate) + 3 dias para você ter o dinheiro disponível na sua conta. Isso se você não aplicou por prazo determinado.

Fundos de Investimentos – Liquidez de **alta** para **média**, pois vai depender do tipo de fundo, e leva em média de D (dia do resgate) + 3 dias para você ter o dinheiro disponível na sua conta. Existem alguns fundos em que a liquidez é de apenas um dia.

Poupança – Liquidez **alta**, basta solicitar o resgate e o dinheiro é transferido para sua conta. Porém, atualmente, esse tipo de aplicação rende menos que a inflação. Apresentaremos informações detalhadas mais adiante.

Ações – Liquidez **alta**, mas depende do ativo, ou seja, os papéis mais negociados na B3 (Bolsa Brasil, antiga Bovespa).

O QUE É INFLAÇÃO?

É o aumento de preços de bens e serviços de forma generalizada na economia. O dinheiro perde o valor com o tempo por causa da inflação.

COMO É MEDIDA A INFLAÇÃO?

Existem dois principais índices de inflação no Brasil: IPCA e IGP-M:

IPCA – Calculado pelo IBGE, é o índice de inflação utilizado em títulos do governo. Para o seu cálculo, são considerados os gastos de famílias em grandes capitais brasileiras com:

> Alimentação (23,12%).

> Artigos de residência (4,69%).

> Transportes (20,54%).

> Despesas pessoais (9,94%).

> Habitação (14,62%).

> Saúde e cuidados pessoais (11,09%).

> Vestuário (6,67%).

> Educação (4,37%).

ⓘ O IPCA foca mais na inflação para o consumidor.

IGP-M – Índice calculado pela Fundação Getulio Vargas (FGV). Para seu cálculo, são considerados:

> **IPA (60%)** – Índice de Preços ao Produtor Amplo. Leva em conta o aumento de preços de produtos necessários à produção (indústria, agropecuária etc.).

> **IPC (30%)** – Índice de Preços ao Consumidor. Parecido com o IPCA.

> **INCC (10%)** – Índice Nacional de Custo da Construção.

ⓘ O IGP-M é voltado para o cálculo da inflação na economia como um todo (consumidores e empresas).

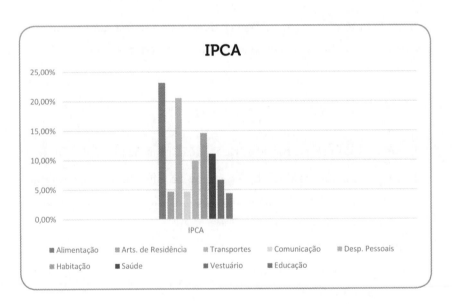

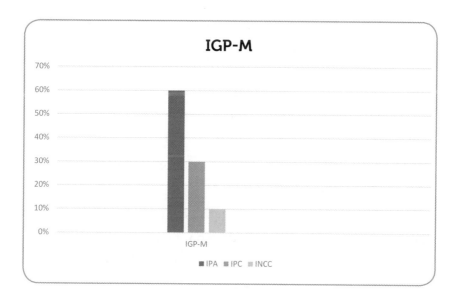

O QUE SÃO JUROS?

Juros são os rendimentos que obtemos quando emprestamos dinheiro por tempo determinado.

Existem duas formas de cobrança de juros: **juros simples** e **juros compostos.**

 Juros simples: os juros recebidos são constantes, independentemente do tempo em que se empresta o dinheiro. Se você emprestar dinheiro a juros simples, seu investimento (montante) cresce como uma linha reta!

 Juros compostos: os juros recebidos são variáveis e dependem do tempo em que se empresta o dinheiro. Se você emprestar dinheiro a juros compostos, seu investimento (montante) cresce com uma curva exponencial!

No mundo real, praticamente todos os juros são compostos!

PARTE IV – **PRINCÍPIO** DA **DISCIPLINA**

QUAIS SÃO AS MEDIDAS DE JUROS NO BRASIL?

As taxas Selic e o Certificado de Depósito Interbancário (CDI, também chamado de taxa DI) são as duas taxas de juros mais importantes do Brasil.

A taxa Selic é definida pelo Comitê de Política Monetária (Copom), órgão do Banco Central.

A Selic é usada como índice de juros base para a remuneração dos títulos do governo. Ou seja, quando o governo precisa pegar dinheiro emprestado, ele paga juros baseados na taxa Selic. A taxa Selic é a base para todas as taxas de juros da economia (inclusive para a taxa DI).

O QUE É CDI?

O CDI ou DI é a taxa que remunera empréstimos de um dia entre bancos no Brasil. O CDI é definido diariamente pelo mercado de empréstimos interbancários. A taxa DI é o índice de juros base para a remuneração de títulos privados. Também é muito usada como base para comparação (*benchmark*) do retorno de investimentos no geral.

RELAÇÃO ENTRE INFLAÇÃO E JUROS

Simplificando bastante, o Banco Central regula a taxa Selic para controlar e manter a inflação dentro de níveis estabelecidos nas chamadas metas de inflação. Quando o BC quer diminuir a inflação, ele aumenta a taxa Selic. Quando a inflação fica abaixo da meta, o BC diminui a taxa Selic.

EFEITO DA INFLAÇÃO NOS INVESTIMENTOS

De forma igual à taxa de juros de um empréstimo, para que o ganho real seja possível, a rentabilidade esperada de um investimento deve ser sempre maior do que a inflação esperada no período do investimento.

O QUE É PIB?

O PIB é a sigla para Produto Interno Bruto. Na prática, o PIB é a medida mais usada para avaliar o desempenho econômico de um país. O PIB é a soma de todos os bens e serviços produzidos em um país em determinado período, geralmente um ano ou um trimestre.

Economia e PIB de forma simplificada:

- Se o PIB tem queda, a economia do país vai mal (por definição, dois trimestres consecutivos de queda no PIB são uma recessão econômica).
- Se o PIB tem alto crescimento real (3% ou mais por ano), a economia do país vai muito bem (*boom* econômico).
- O mais normal é o PIB de um país ter crescimento real entre 1,5% e 3% ao ano.

PARTE IV – **PRINCÍPIO** DA **DISCIPLINA**

SPREAD BANCÁRIO

É a diferença entre os juros que os bancos pagam quando você investe seu dinheiro, e os juros que os bancos cobram quando você faz um **empréstimo** ou um financiamento, para **quitar dívidas** ou adquirir bens.

O que se questiona é a grande diferença entre o que o cliente recebe ao investir e o que ele paga ao tomar dinheiro emprestado. Ela é sempre, aparentemente, exagerada a favor do banco.

O *spread* bancário é visto como vilão por muita gente, porém isso não é uma verdade absoluta, tendo em vista que nele estão embutidos uma série de custos que não são visíveis ao cliente e que, no fim das contas, sustentam toda a estrutura da economia, tais como:

Inadimplência – Como o Brasil é um dos países com as mais altas taxas de inadimplência, a instituição financeira que vai oferecer crédito precisa contar com uma espécie de "margem de segurança", em caso de não receber de volta ao seu caixa o valor emprestado. O risco do não recebimento acaba entrando na composição do *spread* bancário.

Por isso, muitos bancos atribuem a esse fator o elevado *spread* bancário brasileiro.

Lucros – Instituição financeira não faz filantropia. Como banco, cooperativa de crédito ou banco digital que ofereça crédito precisa remunerar os empresários e os acionistas que investem na empresa, precisa ter lucro. Este lucro integra o *spread* bancário.

Impostos diretos – Os tributos influenciam bastante a formação do *spread* bancário, tais como: Imposto de Renda (IR) e Contribuição Social Sobre o Lucro Líquido (CSLL), que incidem sobre os lucros da instituição; Programa de Integração Social (PIS); e Contribuição para o Financiamento da Seguridade Social (Cofins), que são cobrados sobre a receita total, bem como o Imposto sobre Operação Financeira (IOF) que é pago diretamente pelo cliente. Segundo os bancos, esse é o imposto que ajuda a reduzir o rendimento do aplicador e a encarecer o custo dos empréstimos ou aplicações.

Compulsório e encargos – O **depósito compulsório** é um dos instrumentos que o Banco Central usa para controlar a quantidade de dinheiro que circula na economia. Por ser uma determinação legal, ele é um recurso obrigatório utilizado por todos os bancos comerciais e outras instituições financeiras. O depósito é referente à parte das captações em poupança, depósitos à vista e depósitos a prazo. Outro mecanismo de proteção aos correntistas, poupadores e investidores, que permite recuperar, até um limite determinado, os recursos mantidos em uma instituição financeira em caso de falência ou liquidação é o **Fundo Garantidor de Crédito (FGC)** que recolhe 0,0125% do valor dos depósitos totais das instituições filiadas. Os dois, compulsório e FGC, também estão embutidos no *spread* bancário.

Custo administrativo – Os gastos de operação, como: segurança, agências, caixas eletrônicos, aluguéis e outros serviços necessários para as instituições financeiras existirem, entram na conta do *spread* bancário. É por isso que alguns serviços de empréstimo e financiamento oferecidos por bancos digitais, que contam com muitos recursos tecnológicos e não possuem agência física, acabam sendo mais baratos, com juros menores dos que os oferecidos pelos bancos tradicionais.

O *spread* bancário no Brasil é muito caro se comparado ao praticado no resto do mundo não somente pelos componentes acima enumerados, mas também pelos fatores abaixo elencados:

Concentração Bancária das Grandes Instituições Financeiras – No país, cinco grandes bancos são responsáveis pela maioria das operações de empréstimos e financiamentos.

Juros e Inflação – O *spread* acompanha a taxa básica de juros, a Selic, que por muito tempo figurou entre as maiores do mundo.

Carga Tributária – A concentração bancária acaba possibilitando que o banco repasse os custos dos impostos para quem precisa de crédito.

Crédito Bancário Direcionado – Quando os bancos públicos direcionam empréstimos para pessoas físicas e jurídicas com finalidades específicas, tais como: BNDES (Banco Nacional de Desenvolvimento Econômico e Social); o crédito rural e o financiamento habitacional.

BENCHMARK FINANCEIRO

Índice de referência que avalia a rentabilidade de um investimento, cada tipo de ativo financeiro e tem seu parâmetro. Por isso, é preciso fazer a comparação do investimento com outro que seja do mesmo risco. Desse modo, você saberá se a renda foi nominal ou real.

Se um investimento tem retorno de 4% ao ano, isso não significa que o seu rendimento é bom ou ruim. O que vai determinar se o investimento é bom é a comparação do valor com outras aplicações do mesmo tipo, com nível de risco e desempenho parecidos. Ou seja, se for uma renda fixa, não adianta confrontar o rendimento com uma renda variável, pois as duas têm riscos distintos.

PRINCIPAIS *BENCHMARKS* FINANCEIROS

Para se ter uma boa avaliação da rentabilidade de seus investimentos, você precisa fazer um comparativo com os principais *benchmarks* financeiros:

Inflação – A inflação se refere ao aumento dos preços na economia e à desvalorização do dinheiro com o tempo. Assim sendo, se a rentabilidade de seus investimentos for superior à inflação, isso é um indicativo favorável, mesmo que possa superar outros índices. Porém, se a rentabilidade for abaixo da inflação, o investidor perde capital. O Índice de Preços ao Consumidor Amplo (IPCA) é o principal índice que mede o custo médio para aquisições de bens de consumo e serviços.

Taxa CDI – A taxa de Certificado de Depósito Interbancário (CDI) é utilizada como *benchmark* para aplicações conservadoras, uma vez que o seu cálculo é a média dos empréstimos entre bancos. As instituições financeiras utilizam o CDI para calcular os juros dos investimentos de renda fixa para os clientes, inclusive utilizam os juros dos títulos privados.

Ibovespa e índices setoriais da bolsa – Quando o assunto é renda variável, o índice Bovespa é o principal *benchmark* financeiro empregado. Ou seja, o índice Ibovespa indica a performance dos ativos das empresas com capital aberto negociados na B3.

BENCHMARK FINANCEIRO NAS SUAS APLICAÇÕES

Para avaliar o desempenho da sua carteira, é preciso saber a forma correta de utilizar o *benchmark* financeiro, pois nem todos servem para qualquer situação. Então, utilize parâmetro do mesmo tipo de ativo financeiro da seguinte forma:

Renda fixa: use o CDI ou a taxa Selic, além do IPCA para verificar se a aplicação perdeu ou não valor.

Renda variável: empregue o Ibovespa e o IPCA para analisar o efeito da inflação nas aplicações.

Reserva técnica: considere apenas o CDI ou a taxa Selic, uma vez que o foco é a segurança e não a rentabilidade.

Por fim, o *benchmark* financeiro é importante, porque associa periodicidade de acompanhamento ao tipo de ativo financeiro, e assim você obtém um resultado exato de como está a rentabilidade de sua carteira de investimentos.

TIPOS DE INVESTIMENTOS

Podemos considerar que você pode fazer sua economia ao longo de sua vida produtiva em três níveis:

> **Investimento 1** – Compra de imóveis próprios – Risco médio e rentabilidade de baixa a média.
>
> **Investimento 2** – Renda fixa pura tradicional – Risco baixo e rentabilidade baixa.
>
> **Investimento 3** – Compra de ações de valor diversificando entre setores – Risco médio e rentabilidade alta.

A IMPORTÂNCIA DA DIVERSIFICAÇÃO NOS INVESTIMENTOS

A diversificação bem feita diminui o risco com a mesma rentabilidade esperada.

A concentração de um mesmo investimento aumenta o risco, daí a necessidade da diversificação nos investimentos.

INVESTIMENTOS EM IMÓVEIS

Os investimentos em imóveis são caros e por isso é difícil diversificar. Os imóveis têm liquidez baixa.

E, ainda, os investimentos em imóveis podem gerar desvalorização ao longo do tempo devido a fatores como:

- Aumento da violência no bairro onde se localiza o imóvel;

- Construção de prédio bloqueando eventual paisagem;

- Problemas na infraestrutura do imóvel;

- Problema jurídico com o terreno ou a estrutura do imóvel;

- Desvalorização generalizada decorrente de cenário econômico (risco não diversificável).

Assim, se mesmo após essas considerações você ainda quiser investir em imóveis, uma alternativa inteligente é investir em Fundos Imobiliários, um produto financeiro que lhe permite diversificar o risco. Comprando pequenas partes de vários imóveis, podemos compensar eventuais problemas ocorridos em um imóvel com a valorização dos outros.

Os Fundos Imobiliários permitem que você invista em imóveis pagando pouco, com mais liquidez e risco menor. Aguarde que vamos tratar esse assunto mais adiante.

PARTE IV – **PRINCÍPIO** DA **DISCIPLINA**

Veja bem! Isso não significa que você esteja impossibilitado de fazer um bom investimento comprando um imóvel. Pode ser que apareça alguma boa oportunidade de investimento em imóveis, porém, sempre levante todas as informações necessárias para fazer uma excelente transação.

INVESTIMENTOS EM RENDA FIXA

O QUE É RENDA FIXA?

O mercado financeiro criou várias formas diferentes de emprestar dinheiro. Assim, quando você compra o título, o dinheiro é transferido para essas instituições e deve ser pago de volta com juros ao longo do tempo.

Investir em renda fixa é emprestar dinheiro para:

▶ Governo (por meio de títulos públicos).

▶ Bancos ou outras empresas (por meio de títulos privados).

TAXAS DE TÍTULOS PÚBLICOS

Prefixada: a taxa de juros que será paga pela instituição é um valor fixo.

Pós-fixada: a taxa de juros que será paga pela instituição é paga com base em uma taxa variável (Selic, CDI, IPCA, IGP-M).

Híbrida: a taxa de juros que será paga pela instituição é paga com base em uma taxa variável (Selic, CDI, IPCA, IGP-M) combinada a uma taxa de valor fixo.

Podemos exemplificar:

▷ Prefixada: título que paga 6,5% a.a. (ao ano).

▷ Pós-fixada: título que paga 135% do CDI a.a.

▷ Híbrida: título que paga IPCA + 4% a.a.

Renda fixa pura já foi um ótimo investimento no Brasil, porém não mais. Vejam os motivos dos altos juros reais do Brasil:

▷ O medo do retorno da inflação descontrolada.

▷ Baixíssima poupança dos brasileiros (65% dos brasileiros não poupam para o futuro).

▷ Alta porcentagem de capital estrangeiro especulativo ou com muita aversão a risco.

▷ Instabilidade política.

▷ Mercado financeiro pouco desenvolvido.

A rentabilidade da renda fixa em CDI, descontando a inflação, superou em muito a do Ibovespa nas últimas três décadas.

Com o passar dos anos, os brasileiros têm percebido que a renda fixa está rendendo bem menos, tanto de forma real quanto nominal, ou seja: o CDI acumulado em janeiro de 2001 para o CDI acumulado em janeiro de 2021 foi de 17,11% para 2,52%. Observe que a tendência ainda é de queda, e isso não quer dizer que em médio prazo não vá mudar. Por essa razão insistimos que o investimento na sua educação financeira é tão necessário. Fique atento às novas tendências dos mercados, seja em nível local, seja em nível global. O mundo está em fase de profunda mudança em todas as áreas, e no pós-pandemia, um novo ciclo estará apenas se iniciando.

PARTE IV – PRINCÍPIO DA **DISCIPLINA**

INVESTIMENTOS EM RENDA FIXA POR GRAU DE RISCO

▷ **Tesouro Selic (Opção mais conservadora)** – É o investimento mais seguro do Brasil; o Tesouro Selic possui:

- Liquidez quase diária (D+1).

- Rentabilidade bruta (antes da cobrança do Imposto de Renda) igual à taxa Selic (é quase igual a 100% CDI).

- É importante ficar atento para não resgatar antes dos 30 dias.

▷ **CDB (Opção intermediária)** – O Certificado de Depósito Bancário (CDB) é uma forma de emprestar para bancos. É considerado um investimento quase tão conservador quanto a poupança, pois é garantido pelo mesmo Fundo Garantidor de Crédito (FGC). Ele cobre até 250 mil reais por CPF e por banco.

- Podemos encontrar CDBs com vários níveis de liquidez (diária, mensal, anual).

- A rentabilidade do CDB é medida em porcentagem do CDI.

- No caso de um CDB com liquidez diária, devemos exigir uma rentabilidade de, no mínimo, 101% do CDI. Só assim se torna plausível a preferência do CDB sobre o Tesouro Selic.

▷ **Fundo de Investimentos em Renda Fixa (Opção mais arriscada)** – O fundo de investimentos em Renda Fixa é considerado mais arriscado que Tesouro e CDB, porque não há garantias como o FGC.

- Apesar disso, é um investimento conservador, principalmente se for um fundo que só investe em rendas fixas de baixo risco (confira essa informação na política do fundo).

- Dependendo da corretora, você consegue achar um fundo que tenha um rendimento interessante (de pelo menos uns 102% do CDI) e liquidez diária.

FUNDO GARANTIDOR DE CRÉDITO – FGC

O FGC é uma entidade que administra uma proteção aos correntistas e investidores que permite recuperar até R$ 250 mil em depósito ou créditos em instituições financeiras em caso de falência, intervenção ou liquidação.

É uma instituição sem fins lucrativos, e os associados são a Caixa Econômica Federal, os bancos, sociedades de crédito, financiamento, investimento e crédito imobiliário, companhias hipotecárias e associações de poupança.

O FGC representa a garantia de que suas aplicações estão seguras mesmo em eventos extremos, como a falência de uma instituição financeira.

A garantia dada pelo FGC será limitada ao valor de R$ 250 mil por CPF ou CNPJ e por instituição, de modo que se você tiver mais de R$ 250 mil, o melhor é aplicar em instituições diferentes para ter essa garantia.

TIPOS DE RENDA FIXA MAIS COMUNS

Poupança – Tem liquidez diária, mas quando a rentabilidade da poupança, a taxa Selic, está ≥ que 8,5%, a rentabilidade será de TR + a taxa Selic. E quando a taxa Selic estiver ≤ que 8,5% a rentabilidade será de TR + 70% da taxa Selic. Possui a garantia do FGC (Fundo Garantidor de Crédito).

CDB – O Certificado de Depósito Bancário (CDB) é um título emitido por uma instituição financeira. A remuneração do empréstimo será informada no momento do investimento por um prazo determinado. Na realidade, o investidor emprestará seu dinheiro para recebê-lo

PARTE IV – PRINCÍPIO DA DISCIPLINA

corrigido no futuro. É considerado um investimento quase tão conservador quanto a poupança, porém tem a garantia do mesmo Fundo Garantidor de Crédito (FGC).

Tesouro Direto – Sua rentabilidade é bem superior à da poupança. É um título emitido pelo governo federal, mas existem Tesouro Direto estadual e municipal (os dois últimos quase não são utilizados por terem pouca liquidez). Não tem garantia do FGC, pois quem garante é o próprio governo por meio do Tesouro Nacional.

LCI – Letra de Crédito Imobiliário – É um título privado, isento de impostos, lastreado por créditos imobiliários por hipoteca ou por alienação fiduciária de coisa imóvel. Tem uma liquidez menor do que outros produtos de renda fixa. O título é garantido pelo FGC (Fundo Garantidor de Crédito).

LCA – Letra de Crédito do Agronegócio – É um título privado, isento de impostos e emitido pelos bancos. Tem uma liquidez menor do que outros produtos de renda fixa. A diferença para a LCI é o foco de investimento, cuja captação é direcionada para financiar as atividades do setor do agronegócio. O título é garantido pelo FGC (Fundo Garantidor de Crédito).

LC – LETRA DE CÂMBIO – É um título muito semelhante ao CDB. A principal diferença entre o CDB e a LC é que o primeiro é emitido por um banco e a segunda por financeiras. O rendimento pode ser atrelado ao CDI ou combinado com uma taxa mais o IPCA. A letra de câmbio tem a garantia do FGC (Fundo Garantidor de Crédito).

Debêntures – É um título privado de dívida de empresa que oferece direito de crédito ao investidor, remunerado por meio de juros prefixados ou pós-fixados. Tem uma rentabilidade bem superior à de muitos investimentos de renda fixa, porém sem garantia do FGC (Fundo Garantidor de Crédito).

Fundos de Investimentos em Renda Fixa – É um investimento como uma carteira composta por diversos produtos (títulos públicos ou privados). Assim, você reduz o risco, o aporte mínimo ou outros limitadores para iniciar seus investimentos que são oferecidos por instituições financeiras ou corretoras de valores, sem garantia do FGC (Fundo Garantidor de Crédito).

IMPOSTO DE RENDA FIXA

Tabela de Imposto de Renda (IR) sobre o rendimento da Renda Fixa

Período da Aplicação	Alíquota
Até 6 meses	22,50%
De 6 meses a 1 ano	20,00%
De 1 ano a 2 anos	17,50%
Mais de 2 anos	15,00%

O ideal é que você resgate um investimento em renda fixa após dois anos de investimento, para que pague a menor alíquota do IR de 15% sobre a rentabilidade.

PARTE IV – PRINCÍPIO DA DISCIPLINA

Tabela do Imposto sobre Operação Financeira (IOF) sobre o rendimento da Renda Fixa:

Dias Corridos	IOF	Dias Corridos	IOF	Dias Corridos	IOF
1	96%	11	63%	21	30%
2	93%	12	60%	22	26%
3	90%	13	56%	23	23%
4	86%	14	53%	24	20%
5	83%	15	50%	25	16%
6	80%	16	46%	26	13%
7	76%	17	43%	27	10%
8	73%	18	40%	28	6%
9	70%	19	36%	29	3%
10	66%	20	33%	30	0%

(Fonte: Suno Research)

Mesmo que você possa, não resgate sua renda fixa antes que complete um mês de sua aplicação.

A opção mais fácil, rápida e conservadora é o Tesouro Selic.

1. Se você quer uma rentabilidade maior arriscando mais, compre um Fundo de Renda Fixa de liquidez diária que tenha rendimento histórico de pelo menos 102% do CDI.
2. É difícil encontrar um CDB de liquidez diária que renda mais que 101% do CDI, mas se achar e quiser arriscar um pouco mais que o Tesouro Selic, é bem interessante.
3. Procure corretora que não pague Taxa de Tesouro.

INVESTIMENTOS EM RENDA VARIÁVEL

A renda variável ainda é pouco explorada pelo investidor pessoa física no Brasil. Se for comparada com a renda fixa, a renda variável acarreta maior volatilidade e maior risco de prejuízo, embora ofereça um grande potencial de rentabilidade mais elevada se você aprender a minimizar os riscos disponibilizando tempo, atenção, vontade e tiver como visão dominar a técnica de investir.

No entanto, durante a pandemia do coronavírus, o número de pessoas físicas investindo na B3 obteve um marco de 3,22 milhões em dezembro de 2020, em contraposição a 85 mil em dezembro de 2002. Porém, o percentual de pessoas que investem no Brasil não ultrapassa 1,6% da população brasileira. Certamente esse número seria superior se todos tivessem educação financeira na formação escolar.

PARTE IV – **PRINCÍPIO** DA **DISCIPLINA**

OS CINCO TIPOS DE RENDA VARIÁVEL MAIS COMUNS:
MERCADO DE AÇÕES

O mercado de ações é um dos investimentos financeiros mais conhecidos em renda variável. Está dentro da B3 e, muitas vezes, acaba sendo confundido com ela, apesar de ser apenas um dos mercados operados dentro da B3.

Quando você investe em ações, seu objetivo deve ser obter lucro de duas formas: a partir da distribuição dos dividendos da empresa aos acionistas, e por meio da valorização dos ativos no mercado financeiro, uma vez que você se torna sócio dessa empresa.

As ações podem ser:

Ações Ordinárias – São as ações que concedem o direito a voto nas assembleias da empresa como acionista minoritário. Você será identificado com o código ON.

Ações Preferenciais – São as ações sem direito a voto, porém que têm maior liquidez. Entretanto, os acionistas preferenciais têm preferência no recebimento dos dividendos pagos pela empresa quando ela tem lucro. Você será identificado com o código PN.

Todas as operações de compra e venda de ações são realizadas por meio do *Home Broker* ou pela mesa de operações.

DIVERSIFICAÇÃO DE SUA CARTEIRA DE AÇÕES

O ideal é que você diversifique sua carteira de ações de quatro formas:

1. Nos setores da economia
2. No tamanho das empresas
3. Na própria quantidade de empresas
4. Nos países

Idealmente, uma carteira bem diversificada tem ações de empresas nacionais grandes, médias e pequenas de vários setores.

Comece com uma carteira concentrada e vá diversificando à medida que for estudando e aumentando seus investimentos e conhecimentos.

Estude bastante sobre diversos setores e empresas antes de formar sua carteira. Para diversificar, você vai depender das empresas que compõem o seu portfólio de ações.*

▶ Se você tem uma carteira de ações em empresas grandes e de qualidade em setores estáveis da economia, a necessidade de diversificação vai ser pequena.

▶ Porém, se você tem uma carteira de ações em empresas pequenas ou de qualidade mediana, especialmente em setores que tendem a oscilar bastante, a necessidade de diversificar é grande.

---

* O portfólio de ações é o conjunto de ativos que compõem a carteira de investimentos.

PARTE IV – **PRINCÍPIO** DA **DISCIPLINA**

A diversificação em um percentual de suas ações em empresas pequenas e de qualidade tem grande potencial de valorização, por duas razões principais:

▶ Elas têm maior espaço para crescimento em seu mercado.

▶ Elas têm baixa cobertura de analistas.

Portanto, sempre destine um bom percentual de suas ações para investir em empresas grandes, ou *Blue Chips*[*].

Atenção! Se você tem tempo para pesquisar profundamente sobre empresas menores, vale a pena ter uma porção relevante de seu portfólio composta de *Small Caps*[**]. Se não, foque em empresas de tamanho médio/grande.

Quanto à diversificação entre países, ou seja, a importância da diversificação com BDRs[***], além da proteção cambial, você se previne da própria instabilidade econômica brasileira. Muitas vezes, quando o cenário empresarial brasileiro estiver ruim, você pode compensar tendo empresas estrangeiras desempenhando bem em seu portfólio.

MERCADO DE OPÇÕES

É um tipo de investimento que advém de outros ativos, e por isso são chamados de derivativos. Ou seja, garante ao titular o direito de comprar e vender um ativo em uma data futura por um preço predeterminado.

---

[*]   *Blue Chips* são ativos financeiros de grandes empresas e que possuem alta liquidez.
[**]   *Small Caps* são ativos financeiros mais modestos quando comparados aos de uma grande empresa.
[***]   Os BDRs são ativos que o investidor brasileiro pode adquirir visando a investimentos em companhias de empresas estrangeiras listadas no exterior.

A opção de compra é chamada de *call*, e a de venda, *put*. Quem compra uma opção é denominado titular, e quem vende é o lançador. O que se negocia não é o ativo propriamente dito, mas, sim, o prêmio, que garantirá o direito de compra ou venda do ativo ou mercadoria.

O titular do direito à opção sempre terá o direito do exercício, mas não é obrigado a exercê-lo. O lançador terá a obrigação de atender ao exercício, caso o titular opte por exercer seu direito.

Porém, as operações com opções são indicadas para investidores que já têm experiência na bolsa e são realizadas por meio do *Home Broker* ou pela mesa de operações dentro das corretoras e bancos digitais que têm licença para operar como corretoras. Mais adiante falaremos sobre bancos digitais.

FUNDOS DE AÇÕES

São fundos de investimentos que têm como principal fator de risco a variação de preços de ações admitidas à negociação em mercado organizado. Como os demais fundos, contam com um gestor profissional, a quem cabe definir a alocação dos recursos, seguindo suas estratégias.

Os fundos de ações possibilitam aos investidores compartilharem recursos em um mesmo ambiente, diluindo, assim, os riscos das operações.

Os fundos são intermediados pelas corretoras por meio do *Home Broker*. Esse tipo de investimento dá a oportunidade de se adquirir frações de diversas empresas ao mesmo tempo e de forma mais simples.

FUNDOS IMOBILIÁRIOS

São formados por grupos de investidores com o objetivo de aplicar recursos em diversos tipos de investimentos imobiliários, seja no

PARTE IV – PRINCÍPIO DA DISCIPLINA

desenvolvimento de empreendimentos, seja em imóveis já prontos, como edifícios comerciais, *shopping centers* e hospitais.

Ou seja, tem como objetivo a comunhão de recursos destinados à aplicação em empreendimentos imobiliários. O FII é constituído sob a forma de condomínio fechado, sendo dividido em cotas, que representam parcelas ideais do seu patrimônio.

Por meio da aquisição de cotas, quem investe nesse mercado tem a possibilidade de lucrar com a valorização dos imóveis sem precisar desembolsar o valor total do empreendimento.

Para comprar cotas de fundos imobiliários o investidor envia uma ordem de compra de ações para a bolsa por meio de *Home Broker* da corretora de valores ou banco digital, e cada ordem de compra tem um curso. A corretagem pode variar de corretora para corretora.

Comprar cotas do Fundo Imobiliário é bem mais compensador do que comprar um imóvel, por ser normalmente mais simples, lucrativo e prático. Na realidade, investir em imóveis é bom somente para os *experts* no mercado imobiliário, sem falar nos custos extras como manutenção, burocracia e ainda arriscar ficar sem inquilino ou, pior ainda, querer recomprar seu imóvel pelo preço que você pagou. Além do que, ao comprar para investir, você dever possuir o valor total da compra para pagar à vista.

Afinal, não adianta querer investir em imóveis se o seu financiamento cobra mais que o dobro de sua rentabilidade com aluguéis em juros pelo empréstimo.

Hoje em dia, acredite, existem mais riscos em perder dinheiro comprando um imóvel do que investindo em FIIs. Essa é uma realidade.

Se você se concentrar para entender a dinâmica de como funciona o Fundo Imobiliário para escolher um bom fundo, os FIIs vêm se tornando uma ótima alternativa até mesmo em relação a outras aplicações como CDBs, Tesouro Direto e ações. Mas seja disciplinado, focado e estude muito antes de tomar a decisão de começar a investir em fundos. Tudo tem risco, mas o risco pode ser minimizado se investir em você, no seu conhecimento.

FUNDOS MULTIMERCADO

É uma categoria de fundo de investimento que tem uma política de investimentos determinada a mesclar aplicações de vários mercados, como renda fixa, ações, câmbio, entre outras. Ou seja, ele é um tipo de aplicação financeira, com CDB, Tesouro Direto e assim por diante. Eles têm esse nome porque interagem com diversos mercados, em vez de trabalhar com apenas um.

O fundo multimercado pode ser administrado por uma pessoa ou por um grupo de especialistas. Quem cuida de um fundo como esse, aplica em diferentes modalidades de investimentos, que variam de acordo com o risco e com o ativo em questão.

ESTRUTURA DO FUNDO MULTIMERCADO

Os fundos são compostos por quatro funções:

Administrador – É quem administra o dia a dia do fundo.

Gestor – É o responsável por cuidar das compras e vendas dos ativos do Fundo Multimercado. Na maioria dos fundos existe um comitê gestor que toma essas decisões; é um grupo especializado em economia e finanças, geralmente.

Custodiante – Na maioria das vezes é uma empresa, contratada para guardar os ativos do fundo, e tem a responsabilidade de confirmar a compra ou venda dos ativos que o gestor escolher.

Distribuidor – É a entidade que se relaciona com quem investe no fundo, é quem informa ao investidor os próximos passos do fundo, seus rendimentos e outras dúvidas.

ESTRATÉGIAS DO FUNDO MULTIMERCADO

Cada fundo tem as próprias estratégias, então analisar todas antes de investir é fundamental. Veja algumas abordagens:

Estratégia Macro – Aqui se considera sempre o cenário macroeconômico e se pensa a longo e médio prazos, investindo em renda fixa, renda variável, câmbio e outros tipos de ativo.

Estratégia *Trading* – Ao contrário da modalidade anterior, a ideia é investir pensando no curto prazo.

Estratégia *Long and Short* – Aqui se opera com ativos de renda variável, como ações em bolsa de valores. Aqui, nesta estratégia, o gestor busca retorno e rentabilidade ao vender e comprar ações.

Estratégia Juros e Moedas – São conhecidos por operar com moedas estrangeiras, como dólar e euro, por exemplo, bem como taxas de juros e índices de preços, como IPCA, taxa Selic e afins. Aqui os gestores não podem aplicar em renda variável.

Estratégia Livre – Aqui geralmente se moldam de acordo com o momento do mercado financeiro e variam ao longo do tempo.

Estratégia Específica – Tem tática em alvo específico e, ao contrário das estratégias livres, o ativo é definido com antecedência e é o escolhido da vez.

Para você operar em Fundos Multimercados no *Home Broker* da corretora, a escolha da corretora será fundamental. Veja se oferecem soluções práticas e seguras, e certifique-se de que ela é reconhecida no mercado.

Leia com bastante atenção o prospecto de cada fundo, analise seu histórico, tente entender quem são os responsáveis pelo fundo e observe qual é a estratégia adotada. Preste muita atenção nesta etapa, é muito importante.

Tabela de Imposto de Renda (IR) sobre o rendimento da Renda Variável

RENDA VARIÁVEL	PERCENTUAL DE IR
Mercado de ações – Ao vender. Valor igual ou menor ao mês de R$ 20 mil, não há incidência de IR para pessoa física. Acima, está sujeito ao pagamento de IR. O cálculo deve ser feito sobre o lucro, descontadas as taxas de carregamento.	De 15% a 20% sobre o lucro. Obs.: operação normal, incidência de 15%. Obs.: *Day Trade* tem incidência de 20% e sempre haverá o pagamento do IR sobre o lucro, mesmo sendo pessoa física.
Mercado de opções – Tributação similar à do mercado de ações.	De 15% a 20% sobre o lucro.

PARTE IV – PRINCÍPIO DA DISCIPLINA

Fundo de Ações – É cobrado sobre o rendimento bruto e retido na fonte.	De 15% sobre o lucro.
Fundo Imobiliário – Renda mensal como se fosse um aluguel. Isenção de IR sobre recebimento de dividendos.	De 20% – Apenas sobre o ganho do capital.
Fundo Multimercado – Percentual repressivo similar ao IR da Renda Fixa.	De 22,5% a 15%.

O ideal é que você resgate um investimento em renda fixa após dois anos de investimento, para que pague a menor alíquota do IR de 15% sobre a rentabilidade.

PERFIL DO INVESTIDOR

Lembre-se! Você não deve alocar todas as suas reservas em renda variável. Procure informações antes de começar a investir. Veja aqui qual é o seu perfil de investidor:

Conservador – Assume poucos riscos que possam comprometer seus investimentos, é um investidor que prioriza a preservação do capital e tem baixa tolerância a perdas.

Moderado – O investidor moderado equilibra a segurança e o risco por meio de uma diversificação adequada, por exemplo, mantendo uma parte do dinheiro em renda fixa e outra em fundos e ativos da renda variável.

Arrojado – É o investidor que tolera melhor os riscos e tem o lucro como prioridade. Ele usa seus conhecimentos para buscar ativos de maior volatilidade.

INVESTIDOR QUALIFICADO

É uma classificação da Comissão de Valores Mobiliários (CVM) para pessoas físicas ou jurídicas que possuem aplicações financeiras em valor igual ou superior a R$ 1 milhão e que atestem essa condição por escrito, ou que possuam alguma certificação que a CVM aceite para fins de consideração de investidor qualificado.

Os investidores qualificados são aqueles que possuem elevada quantia em investimentos e que detêm conhecimento adequado sobre investimentos financeiros e os riscos envolvidos. Eles têm acesso a alguns tipos de aplicações financeiras não permitidas a investidores comuns.

PARTE IV – **PRINCÍPIO** DA **DISCIPLINA**

COMO ESCOLHER A SUA CORRETORA

Para começar a investir, você precisa escolher uma corretora ou um banco digital que tenha permissão para também atuar como corretora.

Você deve estar atento aos seguintes requisitos para abrir sua conta para investir:

▶ **Certificações**

As corretoras podem ter duas certificações:

A certificação CETIP:

https://www.cetip.com.br/cetipcertifia

A certificação BM&F:

http://www.bmfbovespa.com.br/pt_br/regulação/regulacao/ programa-de-qualifcacao-operacional-pgp/corretoras-certificadas/ retail-broker.htm

A corretora é apenas uma intermediadora entre o cliente e as custo-diantes (CETIP e BM&F).

Quem guarda suas ações, FIIs e títulos de renda fixa em seu nome são as custodiantes e não as corretoras.

▶ **Taxas**

Taxa de Corretagem – Taxa cobrada por movimentação (compra ou venda) de algum ativo: ação, FI ou renda fixa (quase sempre são isentos dessa taxa).

Taxa de Custódia mensal – Taxa cobrada para armazenagem de ati-vos, cobrada todo mês.

Taxa de Saque – Taxa cobrada ao resgatar o dinheiro da corretora para sua conta. Você vai encontrar no *site* da corretora na aba "Cus-tos" ou "Taxas".

▶ **Atendimento da corretora** – A qualidade e disponibilidade do atendimento é importante no início, pois você pode ter dúvidas sobre o funcionamento do *Home Broker*, preenchimento do perfil do investidor etc.

▶ ***Home Broker*** – É comum investidores acharem o *Home Broker* de determinada corretora muito ruim e por isso trocarem pelo de outra.

ⓘ O melhor é você fazer uma pesquisa no Google sobre a estabilidade do *Home Broker* das corretoras.

ⓘ Reputação – É um dos aspectos mais importantes, já que você quer entrar em uma corretora séria. Faça uma pesquisa fácil e rápida e verifique a avaliação da reputação da corretora no Google "Reclame aqui" + "Nome da empresa".

ⓘ Saúde financeira – Verifique se a corretora escolhida não está em uma situação financeira de fragilidade. Para conferir, acesse o *site* do Banco Central: hhttps://www3.bcb.gov.br/ifdata/.

ⓘ Variedade de produtos – Cada corretora tem produtos diferentes umas das outras. Corretoras que têm muitos produtos costumam oferecer ótimas opções em renda fixa.

(Fonte: Suno Research)

PARTE IV – **PRINCÍPIO** DA **DISCIPLINA**

DIFERENÇA ENTRE RENDA FIXA E RENDA VARIÁVEL

Para melhor compreensão, vamos demonstrar em forma de tabela:

RENDA FIXA	RENDA VARIÁVEL
Retorno Provável	Retorno Improvável
Baixo Risco/Risco Médio	Baixo Médio/Risco Alto
Potencial de retorno menor	Potencial de retorno maior
Requer poucos estudos	Requer mais estudo
Poucas opções de investimentos	Tem uma variedade de empresas em diferentes setores para se tornar sócio
Títulos indicados para conservadores	Títulos indicados para moderados e agressivos
Na maioria dos produtos financeiros há garantia do FGC	Não há garantias
Investimentos mais simples e com poucas variáveis	Investimentos complexos e com muitas variáveis
Retorno medido pelo CDI	Retorno medido pela B3

- 120 -

BANCOS DIGITAIS

É o nome dado às instituições financeiras que funcionam de forma *online*. Isso significa que praticamente tudo o que o cliente precisa pode ser feito virtualmente – da abertura da conta ao atendimento e pagamento de boletos.

Um banco digital funciona como um banco comum, mas com as operações feitas exclusivamente pelas plataformas *online*. A conta corrente é virtual e serve para transferências e pagamentos. Pelo aplicativo do banco é possível realizar essas operações e ainda consultar os saldos e extratos.

As contas digitais vieram para mudar a forma como as pessoas lidam com o seu dinheiro. Sem agências, filas em banco e tarifas abusivas, elas devolvem às pessoas o controle sobre sua vida financeira.

As contas digitais têm como diferencial poderem ser abertas e fechadas pela internet. Nos bancos tradicionais, muitas vezes é necessário comparecer a uma agência para finalizar o processo de abertura ou encerramento.

OS BANCOS DIGITAIS SÃO SEGUROS?

As contas digitais podem ser oferecidas tanto por bancos como por instituições de pagamento – e são muitas as diferenças entre elas.

▶ As contas digitais abertas por bancos tradicionais oferecem, além de serviços de pagamentos, limites de cheque especial e operações de crédito. Por isso, contam com a cobertura do FGC – Fundo Garantidor de Créditos.

PARTE IV – PRINCÍPIO DA DISCIPLINA

▶ As contas oferecidas pelas instituições de pagamento entram na modalidade conta de pagamento, que são as mais comuns. Nesse caso, o dinheiro depositado pelos clientes obrigatoriamente fica separado do patrimônio da instituição e, por isso, não há necessidade da cobertura do FGC; o dinheiro também não pode ser usado para empréstimos, financiamentos etc.

SEUS DADOS ESTÃO SEGUROS EM UM BANCO DIGITAL?

As contas digitais contam com criptografia para proteção e segurança de seus dados, autorização de dispositivo e diferentes senhas para garantir que eles estarão protegidos. Até porque, transacionar pelo celular tende a ser mais seguro do que pelo caixa eletrônico.

Ademais, nunca se esqueça de que a grande maioria das contas convencionais oferece pelo menos algum tipo de controle digital. Assim, os bancos digitais são aplicativos seguros. A partir de como o cadastro é feito, o desbloqueio por biometria e as senhas tornam o aplicativo seguro.

OPÇÕES DE BANCOS DIGITAIS

▶ **Nubank** – As principais vantagens que o Nubank oferece aos clientes são:

- Conta digital gratuita;
- Cartão de crédito sem anuidade;
- Transferência gratuita para qualquer banco;
- Dinheiro em conta rende 100% do CDI.

No entanto, a desvantagem é a cobrança de R$ 6,50 de tarifa por saque, quando feito nas redes Banco24Horas e Saque e Pague. Na opção de investimento e rentabilidade, oferece a NuConta que paga 100% do CDI, opção mais vantajosa do que a poupança no momento.

Para verificar a nota de cada banco digital, veja no Google "Reclame Aqui".

▶ **Banco Inter** – É um dos principais bancos digitais do Brasil. O Banco Inter oferece contas para pessoas físicas e jurídicas com direito a:
- Conta corrente digital gratuita;
- Cartão de crédito sem anuidade;
- Saques sem custos pelo Banco24Horas;
- Transferências ilimitadas e gratuitas.

O maior diferencial do Banco Inter é a disponibilidade de várias opções para investimentos, entre elas, aplicações de renda fixa, fundos de investimentos e renda variável.

Veja a nota do **Banco Inter** no Reclame Aqui.

▶ **C6 Bank** – É um dos bancos brasileiros com o serviço mais completo do mercado, e oferece:
- Conta corrente digital gratuita;
- Cartão de crédito sem anuidade;
- Saques sem custos pelo Banco24Horas;
- Transferências ilimitadas e gratuitas.

Além dos serviços acima, oferece conta de pagamento, produtos de investimentos, conta internacional em dólar, serviços de pessoas jurídicas e *tag* de pedágio gratuito para todos os clientes.

Veja a nota do **C6 Bank** no Reclame Aqui.

PARTE IV – PRINCÍPIO DA DISCIPLINA

▶ **Neon** – O Banco Neon oferece contas tanto para pessoas físicas como para pessoas jurídicas. As principais vantagens são:
- Conta corrente digital gratuita;
- Cartão de crédito sem anuidade;
- Quatro saques por mês sem custos pelo Banco24Horas;
- Transferências ilimitadas e gratuitas.

A instituição oferece como opção de investimento CDBs (Certificado de Depósito Bancário) que remuneram 95% do CDI e possuem liquidez diária.

Veja a nota do **Neon** no Reclame Aqui.

▶ **Banco Original** – É um banco controlado pela J&F Investimentos, *holding* que comanda o grupo JBS. Sendo assim, o banco tem um grande poder econômico por trás e vende isso como segurança para seus clientes. Isso é demonstrado no próprio *site*, que destaca a informação de R$ 12 bilhões em ativos e R$ 2,2 bilhões de patrimônio, e oferece:
- Cartão de crédito sem anuidade;
- Existe pacote de serviços, verifique no *site*.

O banco tem CDBs que rendem 100% do CDI e liquidez diária, com possibilidade de maiores rendimentos para maiores prazos.

Veja a nota do **Banco Original** no Reclame Aqui.

Quiz — DÚVIDAS SOBRE BANCOS DIGITAIS

Ao escolher um banco digital utilizando os dados que tem agora, qual você escolheria?

Por quê?

Qual o critério determinante que fará você escolher o seu banco digital?

Você verificou se serão disponibilizados os ativos financeiros no banco digital escolhido?

HISTÓRIAS FICTÍCIAS

Continuamos as nossas "Histórias Fictícias", agora em outubro de 2011.

BALBINA

Com muito empenho, ela aumentou sua renda mensal de R$ 5.500,00 para R$ 9.500,00. Conseguiu comprar um apartamento financiado. Como tinha um valor substancial de economia na poupança, pagou 50% do bem e financiou a diferença, e sua prestação mensal do financiamento é menor do que gastava com o aluguel do apartamento. Mantém o hábito de investir 20% de tudo que ganha, passou a estudar educação financeira e começou a diversificar seus investimentos: 70% em renda fixa e 30% em renda variável.

MÉVIO

Mévio e Lúcia não têm aumento salarial há anos, mas em contrapartida as despesas só aumentam mês a mês. Por causa disso, Lúcia está determinada a ter uma renda extra para conseguir uma folga no orçamento doméstico. Além do mais, as crianças estão crescendo e ela sabe que precisará de mais recursos no futuro. O casal não tem o hábito de fazer reserva técnica, pois vive no limite.

TÍCIO

Tício casou-se novamente e sua esposa, Marie, está grávida. Ele já tem dois filhos do casamento anterior. Marie é acolhedora, prestativa, extrovertida, dinâmica, espontânea. Tem grande senso de humor, e seu entusiasmo e alegria de viver conseguem ser contagiantes. Tem uma variedade incomum de habilidades e de talento, e é boa no que interessa. É uma pessoa feliz, mas pode se tornar infeliz se confinada a horários rígidos e a tarefas rotineiras. Marie prefere trabalhar em ambientes com mais flexibilidade e ao lado de pessoas cheias de ideias. Ela atua como Cerimonialista de Eventos, mas nos últimos meses o mercado vem sendo muito desfavorável. Então, Tício tem que pegar um empréstimo consignado para arcar com as despesas trazidas pelo bebê, bem como trocar de carro para adequar o aumento da família. Tício pensava que tinha um emprego estável, logo interpretava que sua vida financeira fosse igualmente estável. Porém, com os últimos acontecimentos, ele vem percebendo que necessita fazer algo para mudar sua realidade e a de sua família.

Quiz ▶ NÍVEL DE CONSCIÊNCIA DO INVESTIDOR LEITOR

Você se paga em primeiro lugar?

De 0 a 30%, qual o percentual que você investe pensando em longo prazo?

Se afirmativo, você diversifica o valor investido?

Qual percentual você aplica em renda fixa?

Qual percentual você aplica em renda variável?

Você já tem renda passiva?

PARTE V

PRINCÍPIO DA VIDA LONGA

DICAS PARA UMA TERCEIRA IDADE DIGNA

Como já comentado anteriormente, nós, os brasileiros, entramos na Era da Informação com a promulgação da Constituição da República de 5 de outubro de 1988, chamada por muitos de Constituição Cidadã, em outros países isto ocorreu bem antes do que no Brasil.

Porém, de 1988 a 2021, a classe assalariada veio paulatinamente perdendo direitos. Já passamos por sete reformas somente na área da previdência social. Então, está mais do que na hora de você entender de uma vez por todas que a responsabilidade de planejar uma terceira idade com dignidade é sua, não mais do Estado, não mais do patrão. O Estado como gestor dos recursos gerados pela sociedade não tem as ferramentas necessárias para continuar sendo o responsável por tudo, como educação, saúde e segurança. Tudo isso é lindo no papel, mas não funciona, essas garantias ficaram no passado, ficaram na Era Industrial, que teve como marco final a promulgação da Constituição Cidadã, ou seja, no dia 5 de outubro de 1988.

Portanto, a longo prazo, a responsabilidade pela dureza, pela falta de dignidade será sua. O pior pode acontecer na sua maturidade, caso você não inicie um projeto de aposentadoria hoje. Os estudos e as estatísticas vêm sendo publicados e você não dá importância alguma às informações divulgadas pelos órgãos responsáveis por pesquisas, tais como o Instituto Brasileiro de Geografia e Estatísticas (IBGE) e outros.

Mediante as considerações aqui já expostas, chamo você a fazer uma escolha inteligente: programe, planeje sua terceira idade com dignidade.

Agora é o momento propício para você mudar sua história, a história de sua família. Não espere por ninguém, aprenda a depender de si, aprenda a plantar as sementes para ter um futuro com dignidade e liberdade financeira.

AS SETE ALTERAÇÕES DA PREVIDÊNCIA SOCIAL NO BRASIL DESDE 1988

Emenda Constitucional – EC 03/1993

> Direcionada aos servidores públicos.
> Estabelece que as aposentadorias e pensões dos servidores seriam custeadas com recursos provenientes da União e das contribuições dos servidores.

Emenda Constitucional – EC 20/1998

> Abrangeu o setor público e privado.
> Substituiu o "tempo de serviço" para "tempo de contribuição" ao INSS.
> Estabeleceu a extinção de aposentadoria proporcional.
> Estabeleceu a fixação das idades mínimas para aposentadoria: 48 anos para mulheres e 53 anos para os homens e tempo de contribuição: 30 anos para mulheres e 35 anos para homens.

Emenda Constitucional – EC 41/2003

> Modificou o cálculo das aposentadorias e pensões de servidores públicos com base na média de todas as remunerações.
> Instituiu a cobrança de 11% de contribuição previdenciária dos servidores já aposentados.
> Instituiu a criação de teto e subteto salarial nas esferas federais, estaduais e municipais.

PARTE V – PRINCÍPIO DA VIDA LONGA

Emenda Constitucional – EC 47/2005

> Estabeleceu provisão de um sistema de cobertura da previdência com contribuições e carências reduzidas para beneficiar trabalhares de baixa renda e aqueles sem renda própria que se dediquem exclusivamente a trabalho doméstico no âmbito de sua residência, desde que pertencentes a famílias de baixa renda, estando garantido o benefício a um salário mínimo.

Emenda Constitucional – EC 70/2012

> Direcionada para os servidores públicos, tinha como objetivo rever as aposentadorias por invalidez, para que o cálculo passasse a ser realizado com base na média das remunerações do servidor, e não com base na sua última remuneração.

Emenda Constitucional – EC 88/2015

> Estabeleceu a idade para aposentadoria compulsória de 70 para 75 anos.

Emenda Constitucional – EC 103/2019

> Estabeleceu nova idade mínima e tempo de contribuição.
> Estabeleceu novo cálculo do benefício.
> Estabeleceu novas alíquotas de descontos para o INSS.
> Estabeleceu novos percentuais para o cálculo de pensão por morte.
> Estabeleceu regras de transição.

QUAIS SÃO OS TIPOS DE PREVIDÊNCIA NO BRASIL?

- Regime Geral de Previdência Social (RGPS) ou INSS (Instituto Nacional de Seguro Social).
- Regime de Previdência Complementar (RPC) ou Previdência Privada.
  > **Aberta** – Entidade Aberta de Previdência Complementar (EAPC).
  > **Fechada** – Entidades Fechadas de Previdência Complementar (EFPC).
- Regime Próprio dos Servidores Públicos (RPPS).

Quiz ▸ REGIME JURÍDICO DE APOSTENTADORIA DO LEITOR

Em qual regime jurídico você está enquadrado?

1	2	3
Regime Geral de Previdência Social (RGPS) ou INSS	Regime de Previdência Complementar (RPC) ou Previdência Privada	Regime Próprio dos Servidores Públicos (RPPS)

De modo a simplificar o seu entendimento, vamos direcioná-lo de acordo com o seu regime jurídico pertinente:

1. LEIA DE FLS. 136 A 149

2. LEIA DE FLS. 150 A 163

3. LEIA DE FLS. 164 A 180

PARTE V – PRINCÍPIO DA VIDA LONGA

REGIME GERAL DE PREVIDÊNCIA OFICIAL – RGPS OU INSS

A previdência social será organizada sob a forma do Regime Geral de Previdência Social, de caráter contributivo e de filiação obrigatória, observados critérios que preservem o equilíbrio financeiro e atuarial, e atenderá, na forma da lei, dado pelo artigo 201 da Constituição Federal. Redação da Emenda Constitucional n° 103, de 2019.

No Brasil, a previdência oficial (INSS) é considerada um direito social conforme a Constituição Federal e faz parte dos Direitos e Garantias Fundamentais do cidadão.

O Regime Geral de Previdência Social (RGPS) funciona também como um seguro para gerar renda ao contribuinte/segurado, como os descritos na lista a seguir:

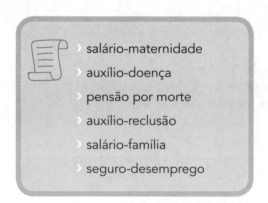

- salário-maternidade
- auxílio-doença
- pensão por morte
- auxílio-reclusão
- salário-família
- seguro-desemprego

Porém, para ter direito ao benefício da aposentadoria do INSS, o cidadão necessita cumprir vários requisitos rígidos. Para os empregados regidos pela CLT (Consolidação das Leis do Trabalho) a contribuição é obrigatória, para os demais cidadãos as contribuições são facultativas.

Na aposentadoria do INSS existem regras para quando e como o seu dinheiro poderá ser resgatado. No fundo, você está permitindo que o governo faça a gestão de seu dinheiro, e ele ainda impõe regras rígidas para você fazer o resgate de seu dinheiro.

CLASSES DE SEGURADOS DO INSS

Obrigatórios – Toda pessoa física que exerce atividade remunerada, urbana ou rural, efetiva ou eventual, com ou sem vínculo empregatício, além daqueles que a lei define como tal ou que tenham exercido atividade remunerada.

Segurados Obrigatórios

- Empregado – Toda pessoa que trabalha com carteira assinada.
- Empregado doméstico – Ex.: a empregada doméstica, a governanta, o jardineiro, o motorista, o caseiro.
- Contribuinte individual – Ex.: autônomo: os ambulantes, as diaristas, os pintores, os eletricistas e os associados de trabalho.
- Trabalhador avulso – Ex.: os contratados por sindicatos e órgãos gestores de mão de obra.
- Segurado especial – Ex.: todo aquele que trabalha de forma individual ou em regime de economia familiar, ainda que com o auxílio eventual de terceiro, desenvolva atividades como produtor rural, pescador artesanal, cônjuge companheiro ou filho maior de 16 anos, equiparados aos segurados mencionados anteriormente, ou o índio reconhecido pela Fundação Nacional do Índio (FUNAI).

Facultativos – Os que não exercem atividade remunerada, mas que resolvem, por iniciativa própria, se inscrever na Previdência Social (INSS) e passam a contribuir mensalmente para ter proteção como: aposentadoria, auxílio-doença e pensões, a partir dos 16 anos.

PARTE V – PRINCÍPIO DA VIDA LONGA

- Dona de casa
- Desempregados
- Estudantes
- Estagiários

PERCENTUAIS DE CONTRIBUIÇÃO DOS SEGURADOS OBRIGATÓRIOS

Empregados, domésticos e avulsos

- 8% até um salário mínimo;
- 9% para quem ganha a partir de um a dois salários mínimos;
- 11% para quem ganha a partir de dois salários mínimos até o teto máximo do INSS, e para os servidores públicos federais, qualquer que seja o salário.

Contribuinte individual

- 20% sobre o valor da remuneração, até o limite do teto do INSS, se trabalhar para pessoa física, tendo o direito a aposentadoria por tempo de contribuição. Esse tipo de aposentadoria foi extinto pela Emenda Constitucional n° 103, de 12 de novembro de 2019, porém continua válido para quem já contribuía com esse percentual antes do advento da emenda.
- 11% sobre o valor da remuneração, até o limite do teto do INSS, se trabalhar para pessoa física, sem direito a aposentadoria por tempo de contribuição.
- 11% sobre o valor da remuneração, até o limite do teto do INSS, se trabalhar para pessoa jurídica. Neste caso, a empresa é responsável por descontar 11% da remuneração e repassar ao INSS.

PERCENTUAIS DE CONTRIBUIÇÃO DOS SEGURADOS FACULTATIVOS

Contribuinte facultativo – Para quem deseja receber um valor de aposentadoria maior que o salário mínimo.

- 20% sobre o valor da faixa salarial, até o limite do teto do INSS, tendo o direito a aposentadoria por tempo de contribuição, tipo de aposentadoria extinto pela Emenda Constitucional número 103, de 12 de novembro de 2019, porém válido para quem já contribuía com esse percentual antes do advento da emenda.
- 11% sobre o valor da faixa salarial, até o limite do teto do INSS, sem direito à aposentadoria por tempo de contribuição.
- 5% sobre o salário mínimo e destinado a membros de família de baixa renda, tendo que preencher três requisitos: não exercer atividade remunerada e se dedicar de forma exclusiva ao trabalho doméstico em sua residência; não possuir renda própria; pertencer a família de baixa renda, com inscrição no Cadastro Único.

PONDERAÇÕES AO REGIME DA PREVIDÊNCIA OFICIAL

Tenha muita atenção em qual categoria você escolhe contribuir para não ter prejuízo no momento de solicitar sua aposentadoria.

Não confunda contribuinte individual (segurado obrigatório) e contribuinte facultativo (segurado facultativo).

O contribuinte individual é aquele que exerce uma atividade remunerada e assume o risco da atividade.

O contribuinte facultativo é aquele que não exerce nenhuma atividade remunerada, e mesmo assim deseja ter a proteção da previdência social.

PARTE V – PRINCÍPIO DA VIDA LONGA

Cabe esclarecer que a partir da Emenda Constitucional n° 103, de 12 de novembro de 2019, os trabalhadores informais começaram a ser considerados como de baixa renda. Antes dessa emenda não eram assim considerados, porém essa emenda ainda carece de regulamentação por meio de lei específica. Isso significa que os trabalhadores informais terão direito a contribuir com 5% depois de aprovada essa lei.

TIPOS DE PREVIDÊNCIA OFICIAL – INSS (INSTITUTO NACIONAL DO SEGURO SOCIAL)

Tipo de Aposentadoria	Requisitos
Aposentadoria por Idade Urbana	• 65 anos para homens • 62 anos para mulheres • Carência de 20 anos para homens (240 contribuições) • Carência de 15 anos para mulheres (180 contribuições)
Aposentadoria por Idade Rural	• 60 anos para homens • 55 anos para mulheres • Carência de 15 anos (180 contribuições) • Autodeclaração homologada no Pronater (de 2019 até 2023) • Não teve mudança com a Emenda Constitucional n° 103, de 12 de novembro de 2019

Aposentadoria por Idade Mista	• 65 anos para homens • 60 anos para mulheres • Carência de 15 anos (180 contribuições)
Aposentadoria da Pessoa com Deficiência	• 60 anos para homens • 55 anos para mulheres • Carência de 15 anos trabalhados nas condições de pessoa com deficiência (180 contribuições) • Nesse tipo de aposentadoria, o tempo de contribuição varia de acordo com o grau da deficiência • **Leve** – 33 anos (homens) e 28 anos (mulheres) • **Moderada** – 29 anos (homens) e 24 anos (mulheres) • **Grave** – 25 anos (homens) e 20 anos (mulheres)
Aposentadoria por Tempo de Contribuição	• 35 anos de contribuição para homens • 30 anos de contribuição para mulheres • Incidência do fator previdenciário (quanto menor a idade, menor poderá ser seu valor) • Esse tipo de benefício **deixará de existir**, mas somente para trabalhadores que começarem a contribuir para o INSS a partir da Emenda Constitucional nº 103, de 12 de novembro de 2019. Os demais segurados poderão ser enquadrados nas **"Regras de transição"**

PARTE V – PRINCÍPIO DA VIDA LONGA

Aposentadoria por Invalidez	• Incapacidade total e permanente • Estar na qualidade de segurado • Carência de, no mínimo, 12 meses (exceto para casos de acidente de qualquer natureza ou para alguns tipos de doença grave) • Não teve mudança com a Emenda Constitucional nº 103, de 12 de novembro de 2019
Aposentadoria Especial	• 55 anos de idade + 15 anos de efetiva atividade especial • 58 anos de idade + 20 anos de efetiva atividade especial • 60 anos de idade + 25 anos de efetiva atividade especial • É necessário atingir uma idade mínima para solicitar a Aposentadoria Especial de acordo com cada um dos períodos de contribuição

SINTETIZANDO A PREVIDÊNCIA OFICIAL

Veja como ficam as regras de aposentadoria oficial (INSS), com a Emenda Constitucional n° 103, de 12 de novembro de 2019.

Idade mínima para aposentadoria	Mulher: **62 anos** Homem: **65 anos**
	15 anos: mulheres e homens que começaram a contribuir antes da reforma entrar em vigor. **20 anos**: homens que começaram a contribuir depois da reforma.
Aposentadoria por Tempo de Contribuição	Deixou de existir para aqueles que começaram a contribuir depois da reforma, e entram na regra de transição.
Cálculo da média salarial	Será feito com todos os salários de contribuição desde julho de 1994. Antes, o cálculo descartava as 20 menores contribuições.
Aposentadoria e pensionistas	Para quem já está aposentado ou já é pensionista, nada muda.
Regras de transição	Há regras de transição para quem já está no mercado de trabalho. Quem não se encaixar em nenhuma delas terá de seguir a regra geral de idade mínima, mais tempo de contribuição.

PARTE V – PRINCÍPIO DA VIDA LONGA

Professores do Ensino Particular	Idade mínima de **57 anos** para mulheres e **60 anos** para homens. **25 anos** de contribuição para mulheres **30 anos** de contribuição para homens
Pensão por morte	Benefício será de **50%** mais **10%** por dependente
Benefício da prestação continuada	Nada muda

REGRAS DE TRANSIÇÃO PARA O RGPS – EC DE 103/2019

Aposentadoria por Tempo por Pontos

HOMENS	MULHERES
35 anos de contribuição	30 anos de contribuição
Somatório de idade e tempo de contribuição:	Somatório de idade e tempo de contribuição:
96 pontos – em 2019	86 pontos – em 2019
97 pontos – em 2020	87 pontos – em 2020
98 pontos – em 2021	88 pontos – em 2021
99 pontos – em 2022	89 pontos – em 2022
100 pontos – em 2023	90 pontos – em 2023
101 pontos – em 2024	91 pontos – em 2024

102 pontos – em 2025	92 pontos – em 2025
103 pontos – em 2026	93 pontos – em 2026
104 pontos – em 2027	94 pontos – em 2027
105 pontos – em 2028	95 pontos – em 2028
	96 pontos – em 2029
	97 pontos – em 2030
	98 pontos – em 2031
	99 pontos – em 2032
	100 pontos – em 2033

Regras Voltadas para Professores

HOMENS	MULHERES
30 anos de contribuição, com efetivo exercício na educação infantil/ensino fundamental/médio	25 anos de contribuição com efetivo exercício na educação infantil/ensino fundamental/médio
Somatório de idade e tempo de contribuição:	Somatório de idade e tempo de contribuição:
91 pontos – em 2019	81 pontos – em 2019
92 pontos – em 2020	82 pontos – em 2020
93 pontos – em 2021	83 pontos – em 2021
94 pontos – em 2022	84 pontos – em 2022
Até 100 pontos	Até 92 pontos

PARTE V – PRINCÍPIO DA VIDA LONGA

Pedágio de 50%

HOMENS	MULHERES
Para quem tinha a partir de 33 anos de contribuição. Nesta regra é necessário pagar 50% do tempo que falta para completar 35 anos de contribuição.	Para quem tinha a partir de 28 anos de contribuição. Nesta regra é necessário pagar 50% do tempo que falta para completar 30 anos de contribuição.

Idade Mínima

HOMENS	MULHERES
Ter no mínimo 35 anos de contribuição e 61 anos de idade. A partir de 2020 acrescentam-se seis meses a cada ano até atingir 65 anos em 2031.	Ter no mínimo 30 anos de contribuição e 56 anos de idade. A partir de 2020 acrescentam-se seis meses a cada ano até atingir 62 anos em 2031.

Regras Voltadas para Professores

HOMENS	MULHERES
30 anos de contribuição com efetivo exercício na educação infantil/ensino fundamental/médio	25 anos de contribuição com efetivo exercício na educação infantil/ensino fundamental/ médio
Ter no mínimo 56 anos de idade. A partir de 2020 acrescentam-se seis meses a cada ano até atingir 60 anos.	Ter no mínimo 51 anos de idade. A partir de 2020 acrescentam-se seis meses a cada ano até atingir 57 anos.

Aposentadoria por Idade para quem já tem 15 anos de contribuição, mas ainda não tem idade mínima (que antes era 60/65 anos)

HOMENS	MULHERES
Até a data em vigor da EC 103/2019, 65 anos e 15 anos de contribuição.	Até a data em vigor da EC 103/2019, 60 anos e 15 anos de contribuição.
	Foi criada uma tabela progressiva. A partir de 2020 a idade de 60 anos será acrescida em seis meses a cada ano, até atingir 62 anos.
Após a data que entrou em vigor a EC 103/2019, 65 anos e 20 anos de contribuição.	Após a data que entrou em vigor a EC 103/2019, 62 anos e 15 anos de contribuição.

Aposentadoria com Pedágio de 100%

HOMENS	MULHERES
60 anos 35 anos de contribuição + 100% de contribuição que faltava para o segurado se aposentar quando da data de reforma da previdência.	57 anos 30 anos de contribuição + 100% de contribuição que faltava para o segurado se aposentar quando da data de reforma da previdência.

Aposentadoria Especial

HOMENS	MULHERES
Que comprovem o exercício de atividades com efetiva exposição a agentes químicos, físicos e biológicos prejudiciais à saúde, ou associação desses agentes.	Que comprovem o exercício de atividades com efetiva exposição a agentes químicos, físicos e biológicos prejudiciais à saúde, ou associação desses agentes.
Com idade mínima acumulada com tempo de contribuição.	Com idade mínima acumulada com tempo de contribuição.
55 anos 15 anos de contribuição	55 anos 15 anos de contribuição
58 anos 20 anos de contribuição	58 anos 20 anos de contribuição
60 anos 25 anos de contribuição	60 anos 25 anos de contribuição

Quiz

CONTRIBUINTE DA PREVIDÊNCIA OFICIAL – INSS

Quantos anos você tem?

Você é contribuinte obrigatório ou facultativo?

Se você é contribuinte facultativo, leia sobre Previdência Complementar (fls. 121 a 135) e veja qual tipo de aposentadoria é mais benéfico no seu caso. Combinado?

Quanto tempo falta para você se aposentar, considerando que deverá se aposentar aos 65 anos?

Você já fez um projeto baseado no tempo que falta para você se aposentar aos 65 anos?

PARTE V – PRINCÍPIO DA VIDA LONGA

REGIME DE PREVIDÊNCIA COMPLEMENTAR (RPC) OU PREVIDÊNCIA COMPLEMENTAR

O Regime de Previdência Complementar (RPC) ou Previdência Complementar é uma opção de aposentadoria que não envolve órgãos públicos ou o governo.

O principal objetivo da Previdência Complementar é gerar uma renda adicional ao trabalhador, para complementar sua aposentadoria, e é contratada em instituições financeiras credenciadas, como seguradoras ou corretoras de valores.

A Previdência Complementar, conhecida como Previdência Privada, é a única forma de proteger a aposentadoria de alterações do governo e nunca mais se preocupar com as incertezas da Previdência Social oficial.

O planejamento da aposentadoria deve ser uma prioridade para todos os brasileiros com renda mensal acima do teto da Previdência Social oficial, e para todos aqueles que não são obrigados a serem contribuintes do RGPS.

Para você manter uma renda superior ao teto do INSS, deve complementar a Previdência Social oficial.

Tenha em mente que ao escolher uma Previdência Complementar, deve analisar:

- Valor das contribuições mensais;

- Tipo de plano;

- Prazo de pagamento.

Você precisa entender que é você quem determina o valor da contribuição mensal, o tipo de plano e o prazo que deseja iniciar a receber.

Os recursos são acumulados durante um certo período para, numa determinada idade, a pessoa se aposentar recebendo os valores arrecadados, acrescidos de juros compostos.

Porém, verifique junto ao seu consultor de previdência (instituições financeiras credenciadas, como seguradoras ou corretoras de valores) como fazer a melhor escolha para o levantamento do seu plano de previdência complementar, se de forma única ou mensal. Contudo, busque escolher a opção de saque único, por questões tributárias.

Como a intenção aqui é compartilhar informação, os profissionais mais capacitados a lhe vender o melhor plano de previdência complementar são seguradoras e corretoras de valores.

A razão pela qual você deve optar por fazer um plano de aposentadoria complementar está no fato de que, quanto mais você recebe na vida produtiva, maior será a sua perda em relação aos benefícios do INSS.

E mesmo que você contribua para o INSS, a Previdência Complementar é uma excelente alternativa para garantir melhores rendimentos durante a sua terceira idade.

Se você, durante sua vida produtiva, tiver oportunidade de ter previdência pública (INSS) e previdência complementar, terá renda e tranquilidade financeira no futuro.

A Previdência Complementar é um investimento a longo prazo criado com o objetivo de acumular para a aposentadoria. Também é uma excelente forma de transferência patrimonial em caso de falecimento, bem como concede segurança financeira para a família. Tem ainda outras finalidades:

▶ Ser livre financeiramente;

▶ Garantir uma fonte de renda para a aposentadoria;

PARTE V – PRINCÍPIO DA VIDA LONGA

▶ Comprar um imóvel;

▶ Quitar as prestações de financiamento de imobiliário;

▶ Pagar a faculdade para os filhos;

▶ Deixar uma herança;

▶ Plano de Previdência Complementar para os filhos.

TIPOS DE PREVIDÊNCIA COMPLEMENTAR

▶ Previdência Complementar Aberta

▶ Previdência Complementar Fechada

Previdência Complementar Aberta

Os planos de previdência abertos são produtos financeiros oferecidos por bancos e seguradoras, que podem ser adquiridos por qualquer pessoa física ou jurídica.

Nos planos abertos, os aportes são realizados pelo titular e é possível escolher a maneira de recebimento dos recursos: resgate do patrimônio acumulado de uma vez ou contratação de um tipo de benefício mensal. Os planos oferecidos são o Plano Gerador de Benefício Livre (PGBL) e o Vida Gerador de Benefício Livre (VGBL). Mais adiante falaremos mais sobre esses planos.

Previdência Complementar Fechada

Os planos de previdência fechados, também chamados de fundos de pensão, são administrados por Entidades Fechadas de Previdência Complementar (EFPC), instituições sem fins lucrativos.

Os planos fechados são criados por empresas e oferecidos exclusivamente para seus funcionários. Normalmente são oferecidos os planos patrocinados, nos quais a empresa contribui em conjunto com o funcionário.

Comumente, as taxas cobradas costumam ser menores do que as dos planos abertos.

Existem também os planos instituídos, aos quais se deve aderir por conta própria, sem contribuição da empresa.

DIFERENÇA ENTRE PREVIDÊNCIA COMPLEMENTAR ABERTA E PREVIDÊNCIA COMPLEMENTAR FECHADA

PREVIDÊNCIA COMPLEMENTAR ABERTA	PREVIDÊNCIA COMPLEMENTAR FECHADA
Pode ser contratada por qualquer pessoa física ou jurídica	Exclusiva para funcionários e colaboradores de uma empresa
Com fins lucrativos	Sem fins lucrativos
Maior taxa de administração	Menor taxa de administração
Parte de rentabilidade vai para o participante	100% da rentabilidade volta para a conta do participante
Instituições financeiras e seguradoras na forma de sociedade anônima, contribuição feita pelo próprio contratante	Empresas e entidades associativas na forma de fundações/sociedade civil
Contribuição feita pelo próprio contratante	Empresa e/ou empregado contratante contribuem

PARTE V – PRINCÍPIO DA VIDA LONGA

PLANOS DE PREVIDÊNCIA COMPLEMENTAR

▶ PGBL (Plano Gerador de Benefício Livre)

▶ VGBL (Vida Gerador de Benefício Livre)

O melhor plano de previdência deve ser escolhido pelo tipo de declaração de imposto de renda que você faz, além de outras características de cada plano.

PGBL (Plano Gerador de Benefício Livre)

É possível deduzir da declaração anual do imposto de renda os valores pagos em até 12% do total da renda tributável. Assim, o valor pago de imposto será menor.

No entanto, no momento do resgate, o imposto incidirá sobre o valor do patrimônio acumulado, seja o valor investido, seja o valor de rendimento.

Se no final do prazo determinado o seu patrimônio atingir o valor acumulado de R$ 800 mil reais, o imposto será em cima do valor acumulado.

Sendo assim, o PGBL é indicado para quem faz a declaração completa do imposto de renda anualmente.

VGBL (Vida Gerador de Benefício Livre)

Neste plano não há dedução na declaração do imposto de renda anual. Contundo, no momento do resgate, a incidência do imposto somente será sobre os rendimentos da Previdência.

Se no final do prazo determinado o seu patrimônio atingir o valor acumulado de R$ 800 mil reais, que renderam o valor de R$ 100 mil reais durante o período de investimento, o imposto incidirá apenas sobre esses rendimentos.

O plano VGBL é indicado para quem:

• É isento de imposto de renda;

• Faz declaração no modelo simplificado;

- Aplica mais de 12% de sua renda anual no plano de Previdência Complementar.

DIFERENÇA ENTRE PLANO PGBL E PLANO VGBL

	PGBL	VGBL
Perfil do Investidor	Faz declaração completa do IR; planeja aplicar até 12% da renda bruta anual na Previdência Complementar	Faz declaração simplificada do IR; é isento do IR; planeja aplicar mais de 12% da renda bruta anual na Previdência Complementar
Benefício Fiscal	Dedução de até 12% da renda bruta anual no IR	Não permite dedução no IR
Rentabilidade	Não há tributação sobre os rendimentos durante o período de acumulação	Não há tributação sobre os rendimentos durante o período de acumulação
Resgate	Contribuições e rendimentos são tributados no resgate	Somente os rendimentos são tributados no resgate
Tributação	Incide sobre o valor total	Incide apenas sobre os rendimentos

PARTE V – PRINCÍPIO DA VIDA LONGA

RENDA DA PREVIDÊNCIA COMPLEMENTAR

▷ Resgate Total – O investidor pode escolher sacar todo o valor guardado de uma só vez.

▷ Renda Mensal Vitalícia – O investidor recebe um valor fixo a partir de uma certa data, que continua sendo pago até a sua morte.

▷ Renda Temporária – Neste caso, o investidor tem a opção de receber uma pensão mensal, de valor fixo, com data para começar e acabar.

É possível alterar a modalidade antes da data de saída do plano.

Cabe esclarecer que, no caso da Renda Mensal Vitalícia e Renda Temporária, existem outras possibilidades de recebimento da renda quando devidamente ajustado no momento da contratação do plano, tais como:

▷ Renda Mensal Vitalícia Reversível ao Cônjuge com Continuidade aos menores – o participante recebe uma renda mensal vitalícia. Após o falecimento, o beneficiário passa para o(a) cônjuge ou companheiro(a), até a morte.

▷ Renda Mensal Vitalícia com Prazo Mínimo Garantido – o participante recebe uma renda mensal vitalícia por um prazo mínimo preestabelecido para o pagamento. Se falecer antes do prazo mínimo de garantia, a renda será paga ao seu beneficiário indicado até o final do prazo.

▷ Renda Mensal por Prazo Certo – aqui o participante recebe uma renda mensal por tempo limitado previsto na contratação do plano, que é cessada ao término do prazo definido. Porém, se falecer durante o período de pagamento, a renda mensal será destinada ao(s) beneficiários(s) indicado(s).

- 156 -

FORMAS DE TRIBUTAÇÃO NA PREVIDÊNCIA COMPLEMENTAR

A tributação da Previdência Complementar pode ser de duas formas: pela tabela progressiva e pela tabela regressiva.

Tabela Progressiva

No regime progressivo, a alíquota do imposto de renda varia conforme o valor do benefício.

Esta tabela segue a mesma lógica da incidência do imposto de renda sobre os rendimentos dos assalariados, variando de 0 a 27,5%; quanto maior o valor do resgate, maior o imposto de renda a ser pago.

No resgate pela tabela progressiva será aplicado um desconto-padrão de 15% sobre o valor recebido. Ajustes, para mais ou menos, são acertados na declaração de imposto de renda.

Base de Cálculo	Alíquota	Parcela a deduzir do IRPF
Até 1.903,99	Isento	–
De R$ 1.903,99 até R$ 2.826,65	7,5%	R$ 142,80
De R$ 2.826,66 até R$ 3.751,05	15%	R$ 354,80
De R$ 3.751,06 até R$ 4.664,68	22,5%	R$ 636,13
Acima de R$ 4.664,68	27,5%	R$ 869,36

Ano-base 2021

Tabela Regressiva

No regime regressivo, as alíquotas de imposto de renda variam de acordo com o prazo do investimento.

Sendo assim, quanto maior o tempo de aplicação, menor o percentual a ser pago. É a escolha ideal para quem pensa no longo prazo.

Na tabela regressiva, o valor do desconto começa em 35%, para aplicação de até dois anos, e cai para 10% após dez anos, independentemente do valor sacado.

Prazo	Alíquota de IR
Até 2 anos	35%
De 2 a 6 anos	30%
De 4 a 6 anos	25%
De 6 a 8 anos	20%
De 8 a 10 anos	15%
Acima de 10 anos	10%

COMO FUNCIONA A PREVIDÊNCIA COMPLEMENTAR

Ao escolher um Plano de Previdência Complementar, seu dinheiro é aplicado em fundos de Previdência criados e geridos pelos bancos e seguradoras exclusivamente para isso.

São diversas opções de fundos, que variam de acordo com o perfil de cada investidor (conservador, moderado ou agressivo).

O perfil do investidor pode ser:

- Conservador – Assume poucos riscos que possam comprometer seus investimentos, é um investidor que prioriza a preservação do capital e tem baixa tolerância a perdas.

- Moderado – O investidor moderado equilibra a segurança e o risco por meio de uma diversificação adequada; por exemplo, mantendo uma parte do dinheiro em renda fixa e outra em fundos e ativos da renda variável.

- Arrojado – É o investidor que tolera melhor os riscos e tem o lucro como prioridade. Ele usa seus conhecimentos para buscar ativos de maior volatilidade.

Para você descobrir qual é o melhor fundo, será necessário fazer um teste de perfil.

Perfil	Renda Fixa	Renda Variável
Conservador	Títulos públicos, CDB e Letra de Crédito (como LCA e LCI)	Não se aplica
Moderado	Títulos públicos, CDB e Letra de Crédito (como LCA e LCI)	Ações, debêntures, ETFs, fundos imobiliários e investimentos no exterior
Agressivo	Títulos públicos, CDB e Letra de Crédito (como LCA e LCI)	Ações, debêntures, ETFs, fundos imobiliários e investimentos no exterior

A diferença entre o perfil moderado e o agressivo será o percentual maior ou menor na proporção da renda variável.

QUEM FISCALIZA A PREVIDÊNCIA COMPLEMENTAR

Os regimes de Previdência Complementar são fiscalizados por órgãos do governo, específicos para cada segmento.

A Previdência Complementar aberta ou Entidades Abertas de Previdência Complementar (EAPC) são fiscalizadas pela Superintendência de Seguros Privados (Susep), ligada ao Ministério da Fazenda.

A Previdência Complementar Fechada ou Entidades Fechadas de Previdência Complementar (EFPC) é fiscalizada pela Superintendência Nacional de Previdência Complementar (PREVIC).

PORTABILIDADE DE PREVIDÊNCIA COMPLEMENTAR

Caso decida mudar de plano de Previdência Complementar por motivos variados como taxas, serviços ou rentabilidade, você pode migrar para outra instituição, sem custos ou perda do patrimônio acumulado na modalidade de previdência aberta.

A portabilidade tem que ser feita para outro plano com o mesmo tipo de aplicação. Ou seja, caso tenha uma previdência PGBL, você deve migrar para outro PGBL, ou se é VGBL, para outro VGBL.

O regime de tributação também não pode ser alterado.

Os únicos encargos que você deverá pagar por essa operação são tarifas bancárias e de carregamento antecipado, se houver, e se isso estiver previsto em contrato.

COMO CANCELAR A PREVIDÊNCIA COMPLEMENTAR

Você pode resgatar ou transferir os recursos de uma Previdência Complementar para outra a qualquer momento, desde que respeite o período de carência (geralmente 60 dias a partir da contratação).

Sempre que contratar qualquer plano de Previdência Complementar, fique atento às taxas e penalidades para não sofrer prejuízos com o seu cancelamento.

Outro cuidado que você deve ter é se planejar para não precisar do dinheiro da Previdência Complementar antes do tempo. Isso é extremamente importante.

CUIDADOS QUE VOCÊ PRECISA TOMAR AO UTILIZAR O SIMULADOR DAS INSTITUIÇÕES FINANCEIRAS

Veja com muita atenção, pois a maioria dá uma projeção muito otimista. Eles informam a rentabilidade bruta, sem mencionar os descontos, taxas e tributos, nem considerar o perfil do investidor. Então, muito cuidado, pois a instituição financeira pode estar deixando de lhe informar claramente sobre:

- Taxas de carregamento;
- Taxas de administração;
- Resultados ilusórios;
- Rentabilidade nominal versus rentabilidade real;
- Rentabilidade bruta;
- Perfil do investidor;
- Escolha errada da modalidade.

PARTE V – PRINCÍPIO DA VIDA LONGA

RESUMO DE COMO ESCOLHER A PREVIDÊNCIA COMPLEMENTAR

MODALIDADE	PGBL – Indicado para quem faz declaração anual do IR no modelo completo e deseja contribuir com até 12% da sua renda.	VGBL – É recomendado para quem declara o IR simplificado, é isento ou deseja contribuir com mais de 12% da sua renda bruta.	
TIPO DE TRIBUTAÇÃO	**PROGRESSIVA** – a tabela varia de 0% a 27,5%, conforme tabela de IR de cada pessoa, e uma alíquota de 15% no resgate. Assim, quem está na faixa de 27,5% pagará 15% no momento do resgate e mais 12,5% na sua declaração do IR.	**REGRESSIVA** – a tabela do IR varia de 35% a 10%, de acordo com o passar dos anos. Assim, quanto mais esperar para resgatar, menos pagará de imposto.	
FUNDO (PERFIL DO INVESTIDOR)	CONSERVADOR	MODERADO	AGRESSIVO

Quiz — PARTICIPANTE DA PREVIDÊNCIA COMPLEMENTAR

Quantos anos você tem?

Se escolheu fazer uma Previdência Complementar, qual foi a sua motivação?

Qual foi o prazo escolhido ao contratar a Previdência Complementar?

O valor do aporte inicial e o valor do aporte mensal estão confortáveis dentro do seu orçamento mensal?

Qual é seu plano de Previdência Complementar: PGBL ou VGBL? Por quê?

Qual forma de tributação você escolheu? Tabela Progressiva ou Regressiva? Por quê?

Qual é o seu perfil de investidor?

REGIME PRÓPRIO DE PREVIDÊNCIA SOCIAL (RPPS)

O Regime Próprio de Previdência Social (RPPS) é uma previdência exclusiva dos servidores públicos, titulares de cargo efetivo, tendo caráter contributivo e solidário, mediante contribuição do respectivo ente federativo, de servidores ativos, de aposentados e de pensionistas.

No entanto, estão excluídos do RPPS os empregados de empresas públicas, servidores temporários e funcionários de cargos de confiança, cujas contribuições integram o Regime Geral de Previdência Social (RGPS).

PREVIDÊNCIA COMPLEMENTAR DO SERVIDOR PÚBLICO – PREVISÃO CONSTITUCIONAL

▶ A União, os estados, o Distrito Federal e os municípios, desde que instituam regime de Previdência Complementar para os seus respectivos servidores titulares de cargo efetivo, poderão fixar, para o valor das aposentadorias e pensões a serem concedidas pelo regime de que trata este artigo, o limite máximo dos benefícios do RGPS.

▶ O regime de Previdência Complementar será instituído por lei de iniciativa do respectivo Poder Executivo, e será gerido por intermédio de entidades fechadas de Previdência Complementar, de natureza pública, que oferecerão aos servidores participantes planos de benefícios somente na modalidade de contribuição definida.

▶ Somente mediante prévia e expressa opção, o servidor que tiver ingressado no serviço público até a data da publicação do ato de instituição pode aderir ao regime de Previdência Complementar.

REGRA GERAL PARA OBTENÇÃO DE APOSENTADORIA PELO RPPS

Os servidores públicos federais que contribuem para o Regime Próprio de Previdência Social (RPPS) da União terão que preencher os seguintes requisitos:

- 65 anos de idade para homens;
- 62 anos de idade para mulheres;
- 25 anos de contribuição;
- 10 anos de serviço público;
- 5 anos no cargo público.

REGRAS DE TRANSIÇÃO PARA OS SERVIDORES PÚBLICOS

Emenda Constitucional – EC 41/2003, de 31 de dezembro de 2003

- Direito Adquirido;
- Regras Permanentes;
- Regras Transitórias.

Principais Alterações Introduzidas pela EC 41/2003, de 31 de dezembro de 2003

- Quebra da integralidade (mantida somente nas regras transitórias);
- Quebra da paridade (mantida somente nas regras transitórias);
- Possibilidade de contribuição dos inativos;
- Redutor da pensão por morte;
- Melhor formatação da Previdência Complementar (condicionante para aplicar no RPPS o teto da RGPS).

Espécies de Aposentadoria no RPPS – Regras Permanentes Vigentes na data da EC 103/2019

- Aposentadoria por incapacidade permanente;
- Aposentadoria compulsória por idade;

PARTE V – PRINCÍPIO DA VIDA LONGA

- Aposentadoria voluntária por tempo de contribuição e idade mínima;
- Aposentadoria voluntária por idade;
- Aposentadoria especial;
- Aposentadoria por deficiência;
- Aposentadoria para quem exerce atividade de risco.

MANUTENÇÃO DO DIREITO AO REAJUSTE PELA PARIDADE – RESUMO

- Quem já era aposentado e pensionista na data da EC 41/2003 (art. 7° da EC 41/2003);
- Quem já tinha direito adquirido à aposentadoria e pensão na data da EC 41/2003 (art. 7° da EC 41/2003);
- Quem era servidor em 31 de dezembro de 2003 e se aposentar na forma do art. 6° e 6°-A da EC 41/2003;
- Quem era servidor em 16 de dezembro de 1998 e se aposentar na forma do art. 3° da EC 47/2005;
- Pensionista de servidor aposentado na forma do art. 6°-A da EC 41/2003 e do art. 3° da EC 47/2005.

REGRAS DE APOSENTADORIA NO RPPS

- EC 41/2003;
- Ato de Instituição da Previdência Complementar.

APLICAÇÃO DO TETO DO RGPS (INSS) NO RPPS DE ACORDO COM A DATA DE INGRESSO NO SERVIÇO PÚBLICO

▶ **Antes da EC 41/2003**

- Caso não exerça a opção pela aplicação do teto do RGPS, o valor do benefício não é limitado ao teto do RGPS, com possibilidade de integralidade e paridade.

▶ **Após a EC 41/2003**

- Caso não exerça a opção pela aplicação do teto do RGPS, o valor do benefício não é limitado ao teto do RGPS, mas sem possibilidade de integralidade e paridade.

▶ **Após o Ato de Instituição da Previdência Complementar**

- O benefício é limitado ao teto do RGPS.

PARTE V -- PRINCÍPIO DA VIDA LONGA

SITUAÇÕES POSSÍVEIS DE SERVIDORES PÚBLICOS ATÉ A EC 103/2019

Ingressaram antes da EC 41/2003	Sem teto do RGPS e com possibilidade de integralidade/ paridade
Ingressaram após a EC 41/2003 e antes do ato de instituição da Previdência Complementar	Sem teto do RGPS, mas sem integralidade e paridade
Ingressaram antes do ato de instituição da Previdência Complementar e migraram para a RPC	Com teto da RGPS mais o benefício especial (BE)
Ingressaram a partir do ato de instituição da Previdência Complementar	Com teto da RGPS
Servidores Públicos	Idade mínima de **62 anos** para mulheres e **65 anos** para homens. Ambos precisam comprovar mínimo de **25 anos** de contribuição, **10 anos** no serviço público e **5 anos** no mesmo cargo.

REGRAS DE TRANSIÇÃO PARA O RPPS – EC 103/2019

QUEM INGRESSOU NO SERVIÇO PÚBLICO ATÉ 12/11/2019

Aposentadoria por Tempo por Pontos – até 31/12/2022

HOMENS	MULHERES
35 anos de contribuição	30 anos de contribuição
61 anos de idade	56 anos de idade
5 anos no cargo efetivo	5 anos no cargo efetivo
20 anos de efetivo exercício no serviço	20 anos de efetivo exercício no serviço
Somatório de idade e tempo de contribuição:	Somatório de idade e tempo de contribuição:
96 pontos – em 2019	86 pontos – em 2019
97 pontos – em 2020	87 pontos – em 2020
98 pontos – em 2021	88 pontos – em 2021
99 pontos – em 2022	89 pontos – em 2022

PARTE V – PRINCÍPIO DA VIDA LONGA

Aposentadoria por Tempo por Pontos – a partir de janeiro de 2023

HOMENS	MULHERES
35 anos de contribuição	30 anos de contribuição
62 anos de idade	57 anos de idade
5 anos no cargo efetivo	5 anos no cargo efetivo
20 anos de efetivo exercício no serviço	20 anos de efetivo exercício no serviço
Somatório de idade e tempo de contribuição:	Somatório de idade e tempo de contribuição:
100 pontos – em 2023	90 pontos – em 2023
101 pontos – em 2024	91 pontos – em 2024
102 pontos – em 2025	92 pontos – em 2025
103 pontos – em 2026	93 pontos – em 2026
104 pontos – em 2027	94 pontos – em 2027
105 pontos – em 2028	95 pontos – em 2028
	96 pontos – em 2029
	97 pontos – em 2030
	98 pontos – em 2031
	99 pontos – em 2032
	100 pontos – a partir de 2033

Proventos da Aposentadoria com base na EC – 103/2019
Quem ingressou no Serviço Público efetivo até 31/12/2003

HOMENS	MULHERES
65 anos de contribuição	62 anos de contribuição
Reajuste – paridade – igual ao atribuído aos servidores ativos	Reajuste – paridade – igual ao atribuído aos servidores ativos
Integralidade – totalidade da remuneração do servidor no cargo efetivo em que se der a aposentadoria	Integralidade – totalidade da remuneração do servidor no cargo efetivo em que se der a aposentadoria

Proventos da Aposentadoria com base na EC – 103/2019
Quem ingressou no Serviço Público efetivo a partir de 1° de janeiro de 2004 até 12 de novembro de 2019

HOMENS	MULHERES
65 anos de contribuição	62 anos de contribuição
Os proventos corresponderão a 60% da MÉDIA, acrescidos de 2% para cada ano de contribuição que exceder 20 anos.	Os proventos corresponderão a 60% da MÉDIA, acrescidos de 2% para cada ano de contribuição que exceder 20 anos.

PARTE V – PRINCÍPIO DA VIDA LONGA

Para os servidores que ingressaram no serviço público a partir de fevereiro de 2004 até 3 de fevereiro de 2013, a média será limitada à última remuneração.	Para os servidores que ingressaram no serviço público a partir de fevereiro de 2004 até 3 de fevereiro de 2013, a média será limitada à última remuneração.
Para os servidores que ingressaram no serviço público a partir de 4 de fevereiro de 2013 até 12 de novembro de 2019, ou que tenham realizado a migração para o FUNPRESP, a média será limitada ao teto do Regime Geral de Previdência Social (RGPS).	Para os servidores que ingressaram no serviço público a partir de 4 de fevereiro de 2013 até 12 de novembro de 2019, ou que tenham realizado a migração para o FUNPRESP, a média será limitada ao teto do Regime Geral de Previdência Social (RGPS).

Pedágio

HOMENS	MULHERES
35 anos de contribuição	30 anos de contribuição
60 anos de idade	57 anos de idade
5 anos no cargo efetivo	5 anos no cargo efetivo
20 anos de efetivo exercício no serviço	20 anos de efetivo exercício no serviço
Pedágio: período adicional de contribuição correspondente ao tempo que, em 13/11/2019, faltaria para atingir 30 anos de contribuição.	Pedágio: período adicional de contribuição correspondente ao tempo que, em 13/11/2019, faltaria para atingir 30 anos de contribuição.

Proventos da aposentadoria

Quem ingressou no Serviço Público efetivo até 31/12/2003

HOMENS	MULHERES
35 anos de contribuição	30 anos de contribuição
60 anos de idade	57 anos de idade
5 anos no cargo efetivo	5 anos no cargo efetivo
Reajuste – Paridade – igual ao atribuído aos servidores ativos.	Reajuste – Paridade – igual ao atribuído aos servidores ativos.
Integralidade – totalidade da remuneração do servidor no cargo efetivo em que se der a aposentadoria.	Integralidade – totalidade da remuneração do servidor no cargo efetivo em que se der a aposentadoria.

Proventos da Aposentadoria

Quem ingressou no Serviço Público efetivo a partir de janeiro de 2004 até 12/11/2019

HOMENS	MULHERES
35 anos de contribuição	30 anos de contribuição
60 anos de idade	57 anos de idade
5 anos no cargo efetivo	5 anos no cargo efetivo
Os proventos corresponderão a 100% da média.	Os proventos corresponderão a 100% da média.

PARTE V – PRINCÍPIO DA VIDA LONGA

Para os servidores que ingressaram no serviço público a partir de 01/02/2004 até 03/02/2013, a média será limitada à última remuneração.	Para os servidores que ingressaram no serviço público a partir de 01/02/2004 até 03/02/2013, a média será limitada à última remuneração.
Para os servidores que ingressaram no serviço público a partir de 04/02/2013 até 12/11/2019 ou que tenham realizado a migração para o FUNPRESP, a média será limitada ao teto do Regime Geral de Previdência Social (RGPS).	Para os servidores que ingressaram no serviço público a partir de 04/02/2013 até 12/11/2019 ou que tenham realizado a migração para o FUNPRESP, a média será limitada ao teto do Regime Geral de Previdência Social (RGPS).
O reajuste será na mesma data e percentual em que se der o reajuste dos benefícios do Regime Geral de Previdência Social (RGPS).	O reajuste será na mesma data e percentual em que se der o reajuste dos benefícios do Regime Geral de Previdência Social (RGPS).

Servidor Público em exposição a agentes prejudiciais à saúde

HOMEM E MULHER
5 anos no cargo efetivo
20 anos de efetivo exercício no serviço público
Somatório de idade e tempo de contribuição e tempo de efetiva exposição:
66 pontos e 15 anos de efetiva exposição em grau máximo
76 pontos e 20 anos de efetiva exposição em grau médio
86 pontos e 25 anos de efetiva exposição em grau mínimo

Proventos da Aposentadoria

HOMEM E MULHER
5 anos no cargo efetivo
20 anos de efetivo exercício no serviço público
Somatório de idade e tempo de contribuição e tempo de efetiva exposição:
Os proventos corresponderão à 60% da média, acrescidos de 2% para cada ano de contribuição que exceder.
20 anos de contribuição, nos casos de exposição em grau médio ou mínimo.
15 anos de contribuição, nos casos de exposição em grau máximo.

PARTE V – PRINCÍPIO DA VIDA LONGA

Para os servidores que ingressaram no serviço público até 03/02/2013, a média será limitada à última remuneração.

Para os servidores que ingressaram no serviço público a partir de 04/02/2013 até 12/11/2019 ou que tenham realizado a migração para o FUNPRESP, a média será limitada ao teto do Regime Geral de Previdência Social (RGPS).

O reajuste será na mesma data e percentual em que se der o reajuste dos benefícios do Regime Geral de Previdência Social (RGPS).

Atenção, servidor público! Caso não se enquadre em nenhuma regra de transição, você caiu na regra geral atual. Ou seja, 65 anos para homens, e 62 anos para mulheres, com cinco anos no cargo e dez anos no serviço público, com proventos que dependerão do valor vigente à época em que ingressou no serviço público: se antes de 31 de dezembro de 2003 ou após 1º de fevereiro de 2004. Veja nos itens acima.

ABONO DE PERMANÊNCIA EM SERVIÇO

Manutenção pela EC 103/2019

▶ Se o servidor permanecer em atividade, fará jus a um abono de permanência equivalente ao valor da sua contribuição previdenciária, até completar a idade para aposentadoria compulsória.

PENSÃO POR MORTE

▶ Como regra, se o óbito do servidor ocorrer a partir de 31 de dezembro de 2003, o critério de reajuste da pensão por morte não será mais o da paridade.

▶ Somente manterá o direito ao reajuste pelo critério da paridade o pensionista do servidor falecido aposentado na forma do art. 3º da EC 47/2005 e do art. 6º-A da EC 41/2003.

CONTRIBUIÇÃO DOS INATIVOS

▶ Somente incidirá contribuição sobre a parcela dos proventos que excederem o teto do Regime Geral de Previdência Social (RGPS).

▶ No caso de aposentado ou pensionista portador de doença incapacitante, somente incidirá contribuição sobre a parcela dos proventos que superarem o dobro do teto do RGPS.

O REGIME PRÓPRIO DA PREVIDÊNCIA SOCIAL É SEGURO?

▶ Bem, tanto o RPPS quanto o RGPS são controlados pelo governo. Logo, as regras podem mudar a qualquer momento. Na verdade, é notório que a previdência social necessita sofrer novas reformas de tempos em tempos.

▶ O ideal é fazer um planejamento para garantir uma outra fonte de renda enquanto se está na fase produtiva da vida.

PARTICIPANTES DA PREVIDÊNCIA COMPLEMENTAR DO SERVIDOR PÚBLICO

Quantos anos você tem?

O seu tempo de contribuição foi integralmente para o Regime Próprio de Previdência Social (RPPS)?

Quanto tempo você trabalhou como CLT ou autônomo? E quando tempo você tem no Regime Próprio de Previdência Social (RPPS)?

Em que data você tomou posse como Servidor Público?

Você averbou o seu tempo de serviço como CLT ou autônomo no serviço público?

Quanto tempo falta para você se aposentar, considerando todos os critérios no seu caso específico?

ALTERNATIVAS PARA COMPLEMENTAR O RPPS

▶ Investimento em Renda Fixa: CDB e outros.

▶ Investimento em Fundos de Investimentos.

▶ Investimento em Fundos Imobiliários.

▶ Compra de Ações e outros tipos de investimentos.

SEGURO DE VIDA RESGATÁVEL – PROTEÇÃO

O seguro de vida resgatável é uma modalidade de produto de caráter híbrido por mesclar um "investimento" e uma proteção financeira aos familiares. Ou seja, o seguro prevê normalmente a indenização ao segurado (em caso de invalidez ou até doença grave) ou aos beneficiários (em caso de morte do segurado).

O principal diferencial deste seguro é que permite que o segurado recupere tudo ou parte do valor investido quando achar oportuno ainda em vida.

Simplificando, o seguro resgatável tem o propósito de oferecer proteção familiar, e ao mesmo tempo funciona como uma reserva financeira. É uma alternativa de seguro que está atraindo pessoas que não veem vantagem em um seguro de vida tradicional.

COMO FUNCIONA O SEGURO DE VIDA RESGATÁVEL?

Existem dois tipos possíveis de seguro de vida resgatável:

- **No primeiro modelo,** o segurado pode solicitar o resgate do capital desde que esteja dentro de um período de 10, 20 ou 30 anos após a contratação. Após o resgate, a proteção perde a validade.

- **No segundo modelo,** a proteção é vitalícia e é o cliente que diz quando quer resgatar os recursos. Quando isso ocorrer, ele cancela a apólice e solicita o capital. Se não o fizer, o seguro continuará valendo, como um seguro de vida tradicional.

PARTE V – PRINCÍPIO DA VIDA LONGA

Cada seguradora possui suas peculiaridades com relação às condições do seguro. Há algumas que preveem o resgate de parte do capital segurado em caso de acometimento de doenças graves, como câncer. Nesse caso, o percentual de resgate em vida e o de manutenção para uso dos beneficiários varia de empresa para empresa.

De modo geral, o segmento apresenta alguns elementos em comum, como:

▶ Carência de 24 meses para resgate.

▶ Ao longo dos anos, o capital segurado é corrigido de acordo com a taxa média de juros e a inflação medida pelo IPCA (Índice Nacional de Preços ao Consumidor Amplo).

▶ O seguro de vida resgatável permite que o segurado faça a divisão exata da proporção do capital que será destinado a cada beneficiário.

▶ O plano pode ser contratado por quem já tem um seguro de vida tradicional ou um plano de previdência privada.

DIFERENÇA ENTRE SEGURO DE VIDA RESGATÁVEL E SEGURO DE VIDA TRADICIONAL

SEGURO DE VIDA RESGATÁVEL	SEGURO DE VIDA TRADICIONAL
Possibilidade do resgate em vida.	Geralmente, somente com a morte do segurado ou invalidez.
O seguro de vida resgatável é a manutenção do prêmio (prestação mensal), mesmo com o aumento da idade.	Caso você precise cancelar o seguro de vida tradicional, não é possível reaver os valores pagos mensalmente.
A mensalidade começa em patamares mais altos do que os seguros de vida tradicionais, entretanto, ela vai sendo reduzida, gradativamente, ao longo do tempo de contribuição.	O seguro de vida tradicional é muito mais barato do que o seguro de vida resgatável.
O capital segurado é corrigido monetariamente pelo IPCA (Índice Nacional de Preços ao Consumidor Amplo), referencial que mede a inflação no país.	O capital segurado sofre um processo de precificação, conhecido como tarifação, que determina o valor a ser pago pelo prêmio. O cálculo toma por base tábua de mortalidade de certa idade, os hábitos do segurado e os cuidados com a saúde.

PARTE V – PRINCÍPIO DA VIDA LONGA

Algumas seguradoras oferecem seguro de vida para idosos.	Algumas seguradoras impõem o limite de 65 anos.
O seguro de vida resgatável é recomendado a famílias que já possuem um patrimônio (ou a perspectiva de construção dele), característica que, em tese, diminuiria a dependência de um seguro de vida tradicional. Isso abriria margem para ter uma apólice híbrida, que permitisse o resgate em algum momento de necessidade.	Um seguro de vida tradicional é mais indicado a famílias que possuem pouco patrimônio formado. Assim, caso haja uma fatalidade com o provedor, a família não ficaria desestruturada financeiramente.

Você somente não pode achar que o seguro de vida resgatável é um tipo de investimento, veja bem, não é! Se você assim o considerar, o resultado é um investimento ruim, uma vez que os rendimentos são considerados apenas sobre parte das parcelas pagas, não sobre o total. Entendeu?

DIFERENÇA ENTRE SEGURO DE VIDA RESGATÁVEL E PREVIDÊNCIA COMPLEMENTAR

SEGURO DE VIDA RESGATÁVEL	PREVIDÊNCIA COMPLEMENTAR
Combina a proteção de um seguro de vida com a capacidade de formação de uma reserva (por meio do pagamento mensal dos prêmios) que ajuda no planejamento financeiro familiar, pois protege a renda da família e permite que, diante de um imprevisto financeiro, o montante seja retirado (respeitando a carência de 24 meses após a contratação).	Ideal para quem procura fazer um investimento de longo prazo e deseja ter uma renda mensal na terceira idade, para complementar a aposentadoria do INSS. Pode ser um PGBL ou VGBL.
O objetivo aqui não é mais o recebimento de uma aposentadoria complementar, mas, sim, primordialmente, ter sua família financeiramente protegida em caso de falecimento do segurado. Todavia, o aprimoramento do produto originou a modalidade resgatável, em que é possível receber o capital em vida (em caso de imprevistos como desemprego, doenças etc.).	A Previdência Complementar servirá para complementar a aposentadoria paga pelo Estado ou até mesmo para permitir o acúmulo de capital para financiar uma viagem, estudos, abertura do próprio negócio ou qualquer outro projeto pessoal (uma vez que é possível receber o capital de uma única vez ou por meio de prestação mensal).

PARTE V – PRINCÍPIO DA VIDA LONGA

O SERVIDOR PÚBLICO DEVE CONTRATAR UM SEGURO DE VIDA COMPLEMENTAR?

Atualmente, existem vários tipos de servidores públicos que exercem as mesmas funções. Porém, dependendo da época que ingressaram no serviço público, já não têm direito à aposentadoria e pensão integrais, conforme a EC 41/2003.

Então, se você é servidor público regido pelo RPPS, que não assegura aposentadoria integral e pensão integral, você necessita entender as perdas que atingiram os novos servidores públicos e decidir se deve ou não contratar uma proteção para você e sua família.

Veja bem! Os benefícios de pensão por morte e aposentadoria por invalidez cobertos, por exemplo, pela FUNPRESP, após vigência da EC nº 103/2019, tiveram seus valores reduzidos, em média, em 41% para aposentadoria por invalidez, e em 59% para pensão por morte.

Assim, caro servidor, compare os benefícios disponibilizados pela FUNPRESP com a combinação de investimentos tradicionais e dois tipos de seguros: os seguros de vida tradicionais e seguros de vida resgatáveis, e veja qual será o mais viável dentro da sua realidade. Você pode chegar à conclusão de que o seguro tradicional é mais viável, por ser capaz de conseguir investir a diferença de forma mais eficiente por conta própria.

Saiba que você pode contratar um seguro de vida para os casos de invalidez permanente e por morte com taxas interessantes por ser servidor (seguro para grupos específicos).

QUANDO CONTRATAR UM SEGURO DE VIDA?

▶ Quando se tem uma dívida, por exemplo, você pode contratar um seguro. Em caso de óbito, sua família não ficará responsável por pagar um valor muito alto.

▶ Se você tem filhos pequenos e sua renda é a maior da família, pode deixar o valor para o cônjuge, para que ele pague as despesas na sua falta, e principalmente aquelas com a educação dos filhos.

▶ Se você é jovem e sem filhos, o melhor é o seguro por invalidez, que é pago pela perda da capacidade laborativa.

O seguro de vida tem grande importância, pois evita que a família perca seu poder de compra na falta prematura de algum membro e em caso de dívida.

Você sabia que no Brasil apenas 4% dos lares têm seguro de vida? Em contrapartida, nos Estados Unidos a porcentagem sobe para algo em torno de 70%! Tal informação não o(a) deixa intrigado(a)? Você precisa fazer sua parte, e o primeiro passo é despertar a consciência de compartilhar os conhecimentos adquiridos ao longo desta obra. Assim, você estará contribuindo para que tenhamos um mundo melhor, diferente do mundo em que vivemos até agora na Era da Separação. Vamos construir um mundo novo, uma nova era, uma era de inteireza, na qual todos poderão viver na abundância, com prosperidade e plenitude. Mas a mudança tem que partir de cada um de nós, uma vez que fazemos parte do todo.

HISTÓRIAS FICTÍCIAS

Seguimos aqui com as nossas "Histórias Fictícias", imaginando o cenário em outubro de 2016.

BALBINA

Balbina novamente bateu as metas planejadas e aumentou sua renda mensal de R$ 9.500,00 para R$ 11.800,00. Estabeleceu outra meta, a de quitar o financiamento do imóvel antes do prazo. Então, mensalmente, ela vem quitando duas parcelas mensais: a do vencimento e a última. Assim, agora faltam apenas seis meses para liquidar integralmente o financiamento do imóvel. Mantém o valor destinado à Reserva Técnica aplicado em Renda Fixa, e há anos aplica a totalidade dos 20% reservados aos investimentos em renda variável. Há algum tempo, ela também aderiu à Previdência Complementar por um período de 20 anos, e com aporte mensal dentro de suas possibilidades. Todavia, uma vez por ano, regularmente, ela faz um aporte significativo para o bolo final ser maior. Contratou ainda um seguro resgatável para sua proteção e de seu filho, caso seja obrigada a parar com suas atividades por alguns meses.

MÉVIO

Mévio e Lúcia – Mévio está desempregado aproximadamente há dois anos. Lúcia é quem está sustentando a casa e as despesas com seu emprego como professora estadual. Ela utiliza a renda extra proveniente do emprego que iniciou meses antes de o marido ser demitido. O fato é que a vida da família não anda nada bem, pois além de Mévio ter perdido o emprego, ele também entrou em processo depressivo, que demorou alguns meses para ser identificado. A família o levou a um médico, que prescreveu medicamentos e ainda aconselhou que ele buscasse acompanhamento de um psicólogo para auxiliar no processo. Mévio não acertou imediatamente com os remédios, o que impediu seu retorno ao mercado de trabalho. Nesse período conturbado, quem vem contribuindo com as despesas mensais é o filho mais velho, Pedro, que sempre teve habilidade na área de TI e já está conseguindo ganhar uma boa remuneração com *marketing* digital. Se não fosse isso, a família estaria passando por sérias dificuldades, pois nunca se preocupou em manter uma Reserva Técnica, e muito menos estudar para aprender a investir a longo prazo.

TÍCIO

Grávida novamente, Marie mudou de atividade, e agora está trabalhando como *designer*. Assim, tem mais tempo para cuidar do filho Antônio e se preparar para Íris, que está a caminho. Como na nova atividade de Marie a remuneração é por produção, em alguns meses ela recebe mais; em outros, nem tanto. Tício teve que refinanciar o seu empréstimo consignado e pegar mais um troco. O fato é que atualmente 50% do seu salário é destinado somente para pagamento de empréstimos, e não há como juntar dinheiro e tampouco para investir. Tício conseguiu quitar o carro nesse período. E percebeu que precisava estudar educação financeira para se livrar das dívidas, aprender a juntar dinheiro e a investir para ter uma terceira idade digna. Hoje pensa o quanto foi otário em achar que ter um emprego estável significava ter vida financeira estabilizada, ledo engano! Mas nunca é tarde para aprender. Então, Tício iniciou o seu processo para uma nova fase de vida com abundância e prosperidade.

Quiz  AVALIAÇÃO DA PROTEÇÃO DE VIDA

Você tem algum tipo de seguro de vida para sua fase de proteção? Se sim, qual?

Se você pudesse optar entre Previdência Complementar e Seguro de Vida Resgatável, qual você escolheria? Por quê?

Agora que tem muitas informações, você pode considerar contratar ambas: Previdência Complementar e Seguro de Vida Resgatável? Se sim, por quê?

Quantos anos faltam para você atingir 65 anos?

Olhando o valor total do seu patrimônio, qual percentual de Renda Passiva você tem?

PARTE VI

PRINCÍPIO DA VIDA EXTRAORDINÁRIA

PROPÓSITO FINANCEIRO

Nossa intenção é permitir que, ao longo do tempo, você tenha inteligência financeira, de modo a estabelecer a forma pela qual você organizará sua vida, refletindo claramente na gestão de seu patrimônio.

Agora você tem condições de gerenciar sua vida com inteligência financeira nas seguintes fases: proteção, acumulação e multiplicação.

NA FASE DE PROTEÇÃO

Você tem que proteger seu patrimônio de tudo e de todos.

Você aprendeu quais os riscos que corre e tem agora as ferramentas e os mecanismos de proteção. Você não pode perder o dinheiro que ganhou com a sua produtividade e com o seu trabalho.

É preciso administrar o que você já tem hoje, com a consciência de que necessita cada vez, mais especialização para dominar as normas, regras, custos e benefícios de tudo o que há no mercado e de seus investimentos.

Busque, sempre que possível, orientações com advogados, contadores, consultores financeiros, consultores de seguros de vida, consultores de previdência complementar, mentores, especialistas que têm conhecimentos técnicos que você não tem para se proteger, proterger seus familiares e o seu patrimônio.

Na fase de proteção de vida e de investimentos, aprenda como alocar seus recursos financeiros para que possam dar segurança a você, sua família e seu patrimônio:

- Crie uma Reserva Técnica.
- Tenha um plano de saúde para você e sua família.
- Adira ao Seguro de Vida Resgatável.
- Inicie um plano de aposentadoria oficial (se for o caso). Avalie com um consultor de Previdência, pois, quanto mais cedo, menor será a sua contribuição mensal, e o valor será diluído pelo tempo.
- Inicie uma Previdência Complementar.
- Inicie seus investimentos com a garantia do FGC e do governo por meio dos Títulos Públicos (Tesouro Direto).
- Foque em conhecimento técnico. Especialize-se em algo, não precisa ser educação formal, apenas cursos, palestras ou outras formas de adquirir conhecimento de forma que você possa se transformar no melhor profissional do seu trabalho ou do seu negócio.
- Foque no seu conhecimento pessoal. O autoconhecimento lhe trará clareza sobre como construir a sua estrada a caminho da liberdade financeira.

Outro cuidado que você deve ter é escolher investimentos com proteção quanto à incidência de impostos. Combine produtos que tenham isenção de impostos e outros com impostos reduzidos.

É o momento que você precisa focar em si, principalmente se for o provedor de sua família. Então, destine um percentual para fazer a sua proteção. Não se descuide, proteja-se, pois a vida é cheia de imprevistos, mas muitos podem ser superados com mais facilidade quando destinamos um pouco de atenção, tempo e recursos.

Quanto mais investir em você, mais rápido vai passar para o próximo nível.

NA FASE DE ACUMULAÇÃO

Agora você tem clareza absoluta de que tem em média 45 anos de vida produtiva para acumular recursos a fim de ter uma terceira idade com dignidade.

Se for disciplinado e implementar um plano de ação, você terá o direito de escolher, aos 65 anos (ou antes deste prazo), se continuará a trabalhar por prazer ou apenas desfrutar a sua vida com o que acumulou na sua fase produtiva. Ou se você vai ter que trabalhar por necessidade ou para sobreviver: a escolha é sua e sempre será!

Aprenda a montar uma estratégia para acumular mais patrimônio:

- Controle seus gastos.
- Faça mais dinheiro por meio de uma renda extra.
- Transforme renda extra em renda passiva.
- Faça um investimento que ganhe da inflação, caso contrário você acabará mensalmente perdendo parte de seu patrimônio.

Se mantiver o foco no seu alvo, que é ter liberdade financeira, você atingirá sua meta até antes do prazo inicialmente planejado. Nunca desvie desse foco, pois a responsabilidade é toda sua, não é de seus pais, não é de seu patrão, do governo ou do destino. Ela é sua, exclusivamente sua.

Se pensa em fazer diferença no mundo, a transformação começa por você; sua mudança vai impactar a vida de sua família e poderá se estender para seu círculo de amizades e para sua comunidade.

Não transfira uma responsabilidade que deve ser sua. Assuma o controle de sua vida a partir do momento que você passa a ter uma vida produtiva.

NA FASE DE MULTIPLICAÇÃO

Quando se trata de gestão do dinheiro e de investimentos, todo cuidado é pouco.

Os riscos estão conectados em várias questões: espiritual, pessoal, profissional, relacional e financeiro. Muitos investidores, sejam iniciantes ou não, passam a investir sem um planejamento claro e sem saber exatamente o que desejam da vida e de seus investimentos.

PARTE VI – PRINCÍPIO DA VIDA EXTRAORDINÁRIA

Então, nesta fase procure sempre ter em mente que todo e qualquer investimento poderá gerar alguma perda; e reflita sobre quanto você está disposto a perder. Sim, o quanto você está disposto a perder! Só assim você utilizará mecanismos e ferramentas de proteção que restrinjam a sua perda até o limite tolerado.

Porém, se não pretende perder nada, você deverá sempre utilizar a renda fixa com garantia do FGC. No entanto, tenha muito cuidado, pois existem fundos de investimento que não têm garantia do FGC.

Então, qual é a sua meta? É proteger ou multiplicar seu patrimônio?

Se for proteção, fique na renda fixa. Mas se for multiplicação, seus investimentos precisam bater o CDI, porque a inflação é menor que o CDI.

Ser rentável para vencer a inflação é o *benchmark*.

O melhor investimento é aquele que atinge os seus objetivos de vida. Tudo vai depender de seus objetivos, por isso uma carteira de investimentos não vai ser igual para todos os investidores, pois cada pessoa ou núcleo familiar terá metas e sonhos distintos.

Então, você precisa investir em conhecimento para entender os investimentos, e sempre estar alinhado aos seus objetivos de curto, médio e longo prazo.

Por isso, indicamos:

- Diversificação de seus investimentos.
- Partes de seus investimentos necessitam ganhar da inflação.
- Outra parte deve ganhar do *benchmark*.
- Invista em conhecimento do mercado de capitais e outros.
- Siga influenciadores, mentores e especialistas em inteligência financeira.

Você somente terá condições de multiplicar seus investimentos se investir em conhecimento constante, pois o mercado financeiro muda o tempo todo.

Ao escolher um Fundo Imobiliário, faça comparação entre a inflação e o IFIX (Índice de Fundos de Investimentos Imobiliários).

Se você investir em Tesouro Direto, faça comparação entre a inflação e o IMA-B (Índice de Mercado ANBIMA – Série B).

Se você investir em Fundo de Renda Fixa, faça comparação entre CDI (Certificado de Depósito Interbancário) e a poupança.

Tenha sempre objetivos claros e específicos, com data e valores bem determinados.

Com os objetivos claros, avalie todos os ativos financeiros que comporão a sua carteira de investimentos: Títulos Públicos (Tesouro Direto), CDB, ações, fundos etc.

PARTE VII

PRINCÍPIO DO PLANEJAMENTO E AÇÃO

PLANO FINANCEIRO

Nosso propósito com este livro é inspirar você a iniciar o seu processo de transmutação financeira para que em 2030 possa contar uma história diferente da que vivencia hoje. Que você faça um planejamento para o futuro, sem deixar de viver o presente, e construa uma estrada a caminho da liberdade financeira.

Por isso, nosso trabalho aqui é estimular você a pensar sobre finanças, refletir, analisar e poder agir de modo inteligente enquanto tem tempo, energia e disposição.

Então, desejo imensamente que tudo tenha feito sentido para você. Coloque em prática todo o conteúdo disponibilizado. No início não será fácil, devo já adiantar, mas insista e persista. Somente assim você poderá alcançar a sua liberdade financeira, isso é o que desejo para você e sua família.

Para finalizar, tenha consciência de que investir ajudará você no processo da liberdade financeira, mas o que lhe fará enriquecer será o seu trabalho. Por isso, o seu foco deve estar em ganhar mais dinheiro para poder reservar cada vez mais recursos para seus investimentos, de maneira que, ao longo do tempo, o seu dinheiro se multiplique.

HISTÓRIAS FICTÍCIAS

Em continuação de nossas "Histórias Fictícias", aqui falamos de outubro de 2021.

BALBINA

Balbina ampliou seus negócios e passou também a ser consultora de outra marca de *marketing* de rede, na qual, em dois anos, já chegou ao nível de "Silver". Hoje seu faturamento médio mensal está na faixa de R$ 15.000,00. Então, agora ela tem uma casa quitada, um carro seminovo quitado, uma reserva técnica e já tem um valor substancial em renda variável. Mesmo em tempos de crise global, sua vida financeira está em perfeito equilíbrio, pois sempre teve visão a longo prazo. Como a ordem é diversificação, está avaliando a possibilidade de comprar um segundo imóvel à vista, se surgir uma boa oportunidade, porque Balbina é uma mulher que sempre aproveita as oportunidades que passam na sua frente.

PARTE VII – **PRINCÍPIO** DO **PLANEJAMENTO E AÇÃO**

MÉVIO

Mévio e Lúcia – Mévio ficou desempregado por quase três anos devido à depressão, mas já faz alguns anos que voltou a trabalhar. Agora trabalha como gerente de supermercado, e a ocupação o tem ajudado em muito na melhora do seu estado emocional e financeiro, pois passou a aplicar em renda fixa. Começou com um pequeno valor, modesto, mas é o que pode no momento. O filho Pedro casou, não mora mais com os pais, e já tem um filho chamado Pedro Antônio. Lúcia continua com os dois trabalhos, e também passou a aplicar em renda fixa para fazer uma reserva técnica. Ela está fazendo um treinamento em educação financeira, para aprender a aplicar em renda variável, pois aprendeu que a família precisa pensar a longo prazo.

TÍCIO

Tício, Marie e os filhos – Os filhos Antônio e Iris estão vivendo uma nova fase. Depois de terem passado alguns anos no deserto, hoje estão conseguindo equilibrar suas reservas. Marie fez parceria com uma agência de publicidade e agora já tem um salário com parte fixa e parte variável. Então, já começou a destinar um percentual mensalmente para criar a sua reserva técnica e está fazendo um treinamento em educação financeira, para também aplicar em renda variável. Tício ainda está em processo para quitar seus consignados, mas também já está aplicando um valor pequeno em renda fixa e renda variável. O fato é que toda a família aprendeu que é necessário ter planos a longo prazo. A principal diferença é que agora eles têm clareza de como fazer para eliminar as dívidas, como juntar dinheiro e como aprender a investir.

PLANEJAMENTO E AÇÃO

Vamos utilizar a Meta SMART para você perceber o que deve observar cada vez que quiser estabelecer uma meta, um objetivo que sirva de norte de como fazer o seu planejamento:

S – Específica: seja claro(a), qual(is) o(s) seu(s) objetivo(s)?

M – Mensurável: você deve medir se a meta é alcançável ou não. Qual o resultado que você quer obter?

A – Atingível: esta meta deve ser realista e possível de ser alcançada, seja coerente com o nível em que você está hoje. Porém, você deve ficar em desconforto para atingir seu objetivo.

R – Relevante: estabeleça um propósito pessoal para que a meta seja atingida. A meta vai impactar a sua vida e a vida de sua família?

T – Tempo: determine prazos iniciais, intermediários e finais para a conclusão de cada meta.

 **PLANO ESTRATÉGICO DO LEITOR**

Qual é o seu plano estratégico para ter Independência Financeira?

_____

_____

_____

Quantos anos ainda faltam para você atingir os 65 anos?

_____

Vamos montar o seu plano estratégico para um ano? Lembre-se de que você deve ter metas tangíveis:

1 mês – A forma correta é colocar: dia, mês e ano.

De __/__/20__.

Até __/__/20__.

Diferença de 15 dias no máximo entre um prazo e outro.

_____

_____

_____

_____

_____

3 meses – A forma correta é colocar: dia, mês e ano.

De __/__/20__.

Até __/__/20__.

Diferença de 15 dias no máximo entre um prazo e outro.

6 meses – A forma correta é colocar: dia, mês e ano.

De __/__/20__.

Até __/__/20__.

Diferença de 15 dias no máximo entre um prazo e outro.

9 meses – A forma correta é colocar:
dia, mês e ano.

De __/__/20__.

Até __/__/20__.

Diferença de 15 dias no máximo entre um prazo e outro.

12 meses – A forma correta é colocar:
dia, mês e ano.

De __/__/20__.

Até __/__/20__.

Diferença de 15 dias no máximo entre um prazo e outro.

Reavalie seus planos a cada 12 meses. Não desista de você, a sua liberdade financeira depende da sua disciplina, foco, determinação e fé.

Que Deus abençoe seus planos hoje e sempre! Transforme pensamentos em sentimentos, sentimentos em ações, ações em resultados. Sinta que tudo é possível, mas tudo depende de você e da sua decisão de efetuar as mudanças que necessita fazer para obter os resultados desejados.

Lembre-se de que tudo que regamos diariamente um dia floresce. Tenha paciência, constância e persistência.

AGRADECIMENTOS

Sou extremamente grata a todos que chegaram ao final deste livro, tudo foi pensado para que você possa realmente implementar a mudança necessária em sua vida e consiga, em médio e longo prazos, alcançar a Independência Financeira.

Não é uma obra de um ser só, por essa razão é imprescindível agradecer aos que privei da minha participação mais ativa em suas vidas, como meu amor Carlos Alberto Glycerio, e meu amado filho Ivo Gonçalves Lavacek.

Meu coração transborda de gratidão a todos aqueles que deram apoio para que este livro se materializasse, especialmente a Deus por ter me inspirado a transcrever meus conhecimentos acumulados até aqui e ter me auxiliado a colocar tudo no seu devido lugar.

Cada pessoa tem um modo de expressar sua gratidão ao seu Divino. O amor e a verdade são os portais de geração de riqueza, abundância, prosperidade e vida plena. Só o amor é capaz de transmutar uma realidade desfavorável e uma vida extraordinária.

Adélia Glycerio

ANOTAÇÕES

ANOTAÇÕES

ANOTAÇÕES

ANOTAÇÕES

ANOTAÇÕES